台形日誌

伏木庸平

晶文社

もくじ

◎版画・写真＝伏木庸平
◎装幀＝佐々木暁

台形日誌

オク

山羊と住み始めたのはいつの頃だろうか。オクは、今では当たり前に家族のような顔をして瑶子《ようこ》さんと僕との暮らしの中に溶け込んでいる。

奄美大島《あまみおおしま》出身の雄山羊であるオクは、彼の地ではプレイボーイ山羊として名を馳せていた。自由な恋愛観を信条とし、子供をもうけてはまた他方でもうけ、往年の銀幕スターのような振る舞いを謳歌していた。

いつしか関係を持たない雌山羊はいなくなり、島内はオクの子供たちで溢れるようになる。しかし人間社会と同様、出る杭は打たれやすい。派手な生き方が他の山羊から反感を買うのは、動物社会でも自然の摂理、必然のようである。次第に奄美で生きづらさを覚えるようになり、マングローブの密林が月明かりで妖しく光る夜、子山羊と多くの恋人たちを残して、ひとり太平洋の大海原に飛び込んで鹿児島へ逃げるようにして渡った。そう、オクは泳ぎがめっぽう得意な山羊なのだ。

九州の南端から長い時間をかけて本州まで走り抜け（オクは走ることもめっぽう得意なのだ）、今

オク

では東京の西に位置するここ国立《くにたち》の地で僕らとともに住むこととなった。

＊

台形の店員は、瑤子さんと僕、そしてオクである。主に料理を担当するのが瑤子さん、僕は料理の補助に加えて、それ以外の業務——食材の仕入れ、予約の管理や経理といった事務的なこと、店の空間づくりや物選び、つぶやいたり写真を撮ったり——を行なっている。あとはワインなどのお酒やノンアルコールドリンクのメニューを選んだり作ったりするのも自分の役目だ。一部の料理は僕自身も考案しているけれど、それはほんの少しだけ。あくまで台形の主役は瑤子さんが作る料理であり、瑤子さんにはなるべく料理だけに専念してもらいたいため、僕はそのサポート役に徹している。

そしてオクはというと、特に何もせず、ただ店で静かに佇んでいる。本人は接客をしているつもりなのだが、それは接客の体をなしていない。訪れる人をただ「ジーッ」と物陰から窺っているだけなのだから。呼ばれても接客に応じることはない。料理を自分から運ぶこともない。もちろん調理をしたり洗い物をしたりするなんてことは全くない。営業時間中、物陰からテーブルを静かに観察し、お眼鏡にかなった人に対してのみ、帰り際に「またいらっしゃい」と挨拶未満の言葉をポツリと吐きかける。

ここで誤解してはならないのは、決してサボっているのではないということだ。本人としてはいたって真面目に働いているつもりなので、瑶子さんと僕はオクの姿勢をなるべく尊重するよう努めている。なにせ奄美に長いこと住んでいた山羊なのだ、仕方ないだろう。なにより、オクが誰かから指示されたり促されたりすることを嫌うことも知っている。プライドの高さは折り紙付きだ。

営業は16時から始まって、全6品の料理を振る舞う。完全予約制で、向こう数ヶ月分の予約をメールで一気に受け付ける。コース料理の体裁だけれど、どれが前菜でどれがメインかなんて自分たちは別に想定していないのが本当のところだ。とりあえず料理の流れに、僕らなりの解釈による一貫した物語を持たせることだけを考えている。その語り口に決まった文法はない。21時半までの営業で、お客さんは二回転する。6品からなる食事が、大体2時間半で完結する計算だ。

営業中、狭すぎるコックピットキッチンでは戦場のように火と水が飛び交う。次はこれ、その次はあれ、と次々に準備しながらその間に洗い物をし、ワインなどのドリンクも提供しながら、瑶子さんと僕はまるでトライアスロン競技を5時間ぶっ続けているように息も絶え絶えの体で、台形という小さな船を巧みに大胆に操る。少しでも身の置き方、全体の動かし方を誤ると、波に煽られて小舟はすぐに難破してしまう。つねに正確な舵捌きを要求されるため、ひとときも息つく暇は許されない。

そんな1ミリ単位で設計した緻密なオペレーションを（そんな大げさではないかも知れないけれど）、寸分違わず正確に完遂しながら、不意に訪れるハプニングにも焦ることなく対処する冷静さと、楽しみながら接客する余裕を保つことも必要とされる。なかなか、大変なのだ。

その間も、馬車馬のように動き続ける僕らと、それぞれの世界に浸るテーブルの様子とを、オクは室内の端っこでジーッと観察している。ただでさえ狭い店内なのだから、オクの存在を邪魔に感じることも少なくない。にも関わらず、不思議と誰かからそのことで不満を言われたことはないし、特段気にする人もいない。営業中のオクの存在の消し方は巧みで、なんだかまるで最初からここにいないんじゃないかと思うぐらいだ。

この日も、オクはオクなりの仕事ぶりで、懸命に働いたのだった——。

*

「今日いただいたお料理はみんな初めて口にするものばかりだったけれど、これは一体何料理というんでしょう……？」

最後の会計の際、親子二人でいらした、インド象柄のワンピースに身を包んだ初老の婦人が好奇の眼差しを向けて訊いてきた。こういった時、僕はいつも同じように口ごもってしまい、すぐに言葉が出てこなくなる。

「ええっと、そうですねぇ……何料理って言うんでしょうねぇ……」だなんて調子で、その日も口をもごもごさせながら、なるべく相手に伝わりやすい言葉を探しているうちに、「どこかのお店で修行されていたのですか？」「何年ぐらいやられているのかしら？」「何から着想が湧くのでしょう？」なんて目をさらに輝かせながら立て続けに訊いてくるものだから、あわわわ、としどろもどろになった。

「料理は僕じゃなくて主に妻が作っているんですけれど……今日お出ししたものはどれもそうなんですが、最初からこれを作ろうと明確なイメージがあって作り上げたものではなくて…………なので何か見本となる特定の料理があるわけではないんです……」

　そう言うと、斜め後ろで瑶子さんがペコリと小さく頭を下げた。そうだよ、ね？、と確認するように彼女の目を見ると、ほらほらそのままあなたが続けて、という顔をしていたから、そのまま言葉を継ぐ。

「日々の食事の中での小さな実験の積み重ね——というかそれはもう生活そのものとしか言えないんですけれど、そこからいつも料理は生まれるんです……。

　着想源も、これですと明確には答えられないのですが、旅がひとつのきっかけになることはあります。土着料理というんでしょうか、各地の伝統的な郷土料理から着想の種を拾うことは多いかと思います。

　そうやって拾い集めた種が暮らしの中で長く醸成されるうちに、また違う場所で拾った種と繋がって、一本の線になるんです。でも線一本じゃ料理にならなくて、いくつかの線がつながると、一つの図像として浮かび上がる時が来るんです。そうしてやっと一皿として完成するというか……。だから、いつもそれ待ちなんです」

途中から淀まず言葉が出てきてくれて、瑶子さんも後ろでうんうんと頷いている。

「うまく言えないのですが、料理を作ってるっていうよりも、足元から自然にむくむくと生えてくるというイメージというか……そうだよ、ね？」

そう言って瑶子さんへ確認するように振り向き、少し照れながら笑うと、婦人はこちらと瑶子さんを順に見てニカッと破顔一笑し、「今日はとっても楽しかったです、また来ますね」と夜風を切るようにして帰っていった。

そのやり取りを部屋の隅で静かに聞いていたオクは、「またいらっしゃい」と立ち去る後ろ姿に向かってポツリと吐きかけたのだった。


そうして最後のお客さんが帰ると、残った洗い物を急いで片付けて、僕と瑶子さんとオクは手分けして閉店作業に取り掛かった。

五徳を洗ってキッチンをくまなく拭き、テーブルを綺麗に拭き、店内の電気を消し、エントランスの明かりを消し、テーブルに置いた蠟燭の灯りを吹き消し、音楽を止め、空調を止め、窓を閉め、トイレを綺麗に掃除してからゴミを捨て、最後に入り口を施錠する。そして何も異常がないことをそれぞれが確認してから階上の自宅へと帰る。

階段は急で段差が激しく、四足動物が上りやすいようには設計されていないので、僕はいつもオクのお尻を背後から両手でしっかりと支えて、転げ落ちないようにしてあげている。

そうして「店」から「家」への架橋である階段を上りきると、これから僕ら三人で〝いつもの今晩の宴〃が始まるのだ。

＊

エネルギーを放出し切って出し殻になった心と体には、温かくて優しくて内側からじんわりと労ってくれるような、大らかな料理がいい。過度な刺激はいらないけれど、宴のスパイスとなるような小さな驚きが潜んでいるものだと、なおよい。

前日にスーパーで鶏の手羽元が１００g68円で売っていて、たまには肉もいいかと思って買っておいたので、それを昆布出汁で煮込むことにした。日野《ひの》の農協で手に入れた〝金子さん〟の巨大すぎる大根をザクザクっと切って、こちらは米のとぎ汁で下茹でしておく。

手羽元を入れた出汁に酒を加えて煮込み、みりん、醤油、塩で大体の味を調えたら、別のフライパンでマスタードシードとターメリックと唐辛子を油で熱し、香りが立つようにテンパリングする。それを鍋に移すと、ジュワッという音とともに香ばしいスパイスの匂いが部屋中に広がって鼻腔と空腹を刺激した。

それから茹で卵を作り、厚揚げを切り、じゃがいもを手際よくピーラーで皮を剝いて鍋に放り込む。結びしらたきも加える。そして今日はコース料理で使った金柑が余っていたので、この柑子色の冬も一緒に入れてしまおうと最後に思いつく。

僕らはこの料理に『スパイスおでん』という名前を授けた。ただの煮込み料理なのだけれど、ここはおでんと呼びたい。おでんの厳密な定義なんてわからないけれど、おでんという名前が保有する肩肘張らない家庭的な響きと、お酒を誘う先導性、そして少しばかりの高揚感を僕らは高く評価している。宴の演出として、ネーミングの魔術は重要なのだ。

そうして各々、取り皿や気分に応じたお酒を準備したら、遅い宴の開始である。僕は今日の営業で少し余ってしまったマルヴァジーアの白ワインにすることにし、面倒だけれど一階の店の冷蔵庫へボトルを取りに行って、古いバカラのグラスになみなみと注ぐ。瑶子さんは少し前に冷凍庫に入れておいた本麒麟を、これまた冷凍庫でキンキンに冷やしておいた小ぶりで薄い大正時代のグラスにとくとくと注いでいる。オクは「手始めに日本酒の熱燗をいただけるか、初期伊万里《いまり》の猪口で」と横から主張している。

営業後の夕食にしては少し時間がかかってしまったけれど（といってもほとんど瑶子さんが作ってくれたのだけど）、スパイスおでんはその価値に見合う出来映えだった。マスタードシードとターメリックが良いアクセントとなって、金柑の爽やかな香りが食材それぞれを包み込んでいる。どこか知らない異国の郷土料理のように朴訥としながら、しかしそれでいて、名前に偽りなくしっかりと正しくおでんなのであった。

炬燵を囲みながら瑶子さんと僕とオクは舌鼓を打ち、数時間前に階下にいたお客さんの表情や声を互いに反芻しながら、反省や改善すべき点を挙げ、箸を進め、めいめい盃を重ねた。笑ったり怒ったりしたりしながら1～2時間経ち、気づけば次第にうとうと瞼をこするようになる。

決まっていちばん早く眠気の限界に達するのはオクだ。こてんと倒れるように横になり、炬燵の中で四つ足を並べて伸ばし、鼻息が寝息へと変わりかけておなかの膨らみが一定のリズムを刻み始める。

「お団子ちゃん、お母さん、限界だ。連れて行ってくれるか――」

もう半分眠りかけているオクを、僕は屋上に設置してある小屋へとお尻を背後から支えながら押してゆく。長髪を丸く結わえている僕は、オクからはお団子ちゃんと呼ばれている。瑶子さんはなぜだかわからないけれどお母さんと呼ばれている。

「お団子ちゃん、じゃあ」

「オク、おやすみ」

「お団子ちゃん、また明日も」

「うん、また明日もね」

こうして台形型の建物で泥のように身を沈めながら、三人は心地よい疲労感に包まれて深い眠りにつく。そして再び太陽が昇ると、また今日と同じような朝を迎えるのだ。

屋上から聞こえる、「メェ〜〜〜〜〜〜〜〜〜〜」という甲高くビブラートの効いた鳴き声で目が覚めて。

◎「金柑のスパイスおでん」（3人分）

【材料】

鶏の手羽元・・・550g
金柑・・・5個
大根・・・450g
卵・・・3個
結びしらたき・・・6個
じゃがいも・・・3個
厚揚げ（大）・・・1枚
水・・・1200mℓ
昆布・・・1片（約10cm角）
酒・・・50mℓ
みりん・・・40mℓ
醤油・・・30mℓ
塩（ゲランドの塩）・・・10g

油・・・大さじ1
ターメリック・・・小さじ1
マスタードシード・・・小さじ1
唐辛子・・・1本

①あらかじめ、水に昆布を数時間浸けておく。
②大根は2・5㎝幅の輪切りにして、やわらかくなるまで米のとぎ汁で下茹でする（米のとぎ汁がなければ、米を少々入れた水でもOK）。卵は茹で、殻を剥く。金柑は半分に切り、種を取る。じゃがいもはピーラーで皮を剝く。
③鍋に①と手羽元と酒を入れ、沸騰させてから弱火にして蓋をし30分ほど煮込む。
④みりん、醬油、塩を入れて味を調えて、別のフライパンに油とターメリック、マスタードシード、唐辛子を入れ香り立つまでテンパリングし、スパイスの香りが油に移ったら鍋に入れる。
⑤大根、卵、しらたきを入れ、味がしみるまで煮込む。じゃがいも、厚揚げ、金柑は煮崩れしやすいので後で入れる（特に金柑はいちばん最後に入れるとちょうど良い）。全体の味をみて、塩などで味を調整したら出来上がり。

アウトサイダー

10年間、耕し続けたらパリへと繋がった。

パリに着いたのは、古都の石畳を秋の西陽が艶やかに照らす、夜になる手前の、街が次第に琥珀色に染められてゆく時間帯だった。目についた携帯電話ショップに入り、そこで2週間利用可能なSIMカードを20ユーロで購入し、ブロンドヘアのチャーミングな店員さんにお願いしてアイフォンに挿入してもらった。

新調した眼鏡を初めてかけた時のような、少しだけ新鮮な心持ちでQ女史に電話をかける。

――プルル、プル。

「アロォ?」

「あもしもし、Q女史ですか、伏木です。今パリに着きました」

電話を切ってから程なくして、Q女史は魔術を忘れてしまった魔女のような出で立ちで現れ、これから北駅《きた》まで行きます、と言った。

北駅が一体どこでそこに何があるのか、地理も目的もわからないまま、汚い落書きで覆われた電車にとりあえず乗るよう促される。息苦しい車内で疲れが蓄積した体を乱暴に揺さぶられている間、目の前に座っている黒人が大声でがなりたてる特段上手くはないが圧力だけは異様にあるラップ調の独り言を延々聞かされたせいで、僕はもうこの時点で既に、踵を返し、快適な直行便に乗って国立にある僕らの安らかな家へ帰りたくなっていた。


どうやら北駅はパリ市の北部にあるから北駅というようだった。東駅や西駅や南駅があるのかは知らないけれど、だからと言って特段調べるまでの興味は湧かなかった。僕らが住んでいる国立という街も、北・東・西・中という記号的住所によって区分けされている。なぜだか南だけはないけれど、その理由は知らないし、だからと言って特段調べるまでの興味は今のところ湧いてこなかった。

台形の住所は国立市中《なか》2丁目で、国立という小さな街のちょうど中心部にあるから、中という。さらにいうと、国立という地名も、国分寺《こくぶんじ》と立川《たちかわ》の間にあるから、それぞれの頭文字をとって国立と名付けられたらしい。国立という街には、土地の記憶や人々の情感を排する、徹底した合理主義的な主張を感じる。このような土地で、これまた台形という匿名的な屋号の店舗を営むのは、なんだか好ましいことに思えた。国立市中2丁目にある台形は、どこまでいってものっぺりとした記号の連なりで、外部からは実体が窺い知れないだろう。

「到着しました、ここです――」

目的地は北駅から徒歩10分ほどの距離にある、古びたアパートメントだった。Q女史がダイヤル式のロックの施錠を解除し重厚なつくりの鉄扉を開けて中庭へ進んでゆくと、さらにその先にある扉の南京錠を開け、部屋の中に案内してくれた。だだっ広くて生活感のない、20坪ほどの写真スタジオのようなワンルームだ。

「本当はね、私の家に泊まってもらう予定だったのだけど、息子がいやって言い出して――。昨日から少し風邪をひいちゃったみたいで調子が悪いのよ。

えっとここは私の事務所で、若い建築家とシェアして借りてるの。ベッドもあるしシャワーもあるし洗濯機もあります。これらは自由に使っていいです」

部屋の隅にはベッドというには名ばかりの、小学校の体育館で使われていた体操用の小さなマットレスのようなものに深緑色のシーツがかけられ、寒そうな毛布とクッションが乱雑に置かれ、ちょうど先ほどまで誰かが寝ていましたというような、得体の知れない動物的残り香を感じさせた。経年で毛羽立ちが失われた毛布を剝ぐと、茶色のシミが薄く広がったシーツの上には曇って汚い黒縁眼鏡がひとつ転がっていた。

あ、ほんとに誰かが寝てたんだ、と僕は思った。思わず横に立つ瑶子さんを見ると、心の奈落に表情というものを落としてしまったような、そんな無機質な顔をしていた。

ふぅ、と息をひとつ吐いた。部屋はひどく空気が悪かった。

Q女史は、これからマンションの組合の会合があるから、と言って、南京錠の鍵とダイヤルのナンバーを記したメモを僕らに手渡し、明日の9時に来るから朝から設営しましょう、と帰り際に伝え、そそくさと自分の家（おそらくクリーンで心地良いベッドがあり、誰かの黒縁眼鏡は転がっていない場所）へ帰っていった。

翌々日からパリで開かれる『アウトサイダーアートフェア』というアートの見本市にQ女史が主宰するギャラリーが出展し、そのブースで僕の作品が展示販売されることになっているのだ。美術の正統な世界から離れて、その外部にいる〝はみだし者〟を世界中から集めて紹介する催しのようである。Q女史から声がかかり、自分の作品を担いで20時間かけ、遠路はるばる来仏したのだった。

僕らはこの砂漠のように埃っぽくて荒涼とした部屋に、Q女史がいなくなった後しばらくの間、ぼうっと佇むほかなかった。ここで数日過ごすことを思うと、それだけで少し肩が重くなってくる。瑶子さんの心は無機質の世界へ行ってしまったまま、帰ってくる様子はないようだ。

ふぅ、と息をもうひとつ吐いた。

――――こういう時は食事だ。とりあえず腹ごしらえをして、有機的なものを心に注入するのだ。

初めてのパリの夜を素敵に彩ってくれる温かくて美味しいフレンチを求むべく外に出ると、もう辺りは真っ暗で、街灯の薄暗い灯りと、人々の喚声やら嬌声やらが路上を満たしていた。少し歩いただけで、ただならぬ治安の悪さはすぐに察せられた。暴力的な空気が周囲に満ちていて、四方から身を刺してくる。

食堂はどこも外部の人間は招かざる雰囲気を醸しており（少なくともその時の僕らにはそう感じられた）、30分ほど歩き回って熟慮した末、かろうじて新参者を受け入れる余地が感じられる、赤く塗られた壁が印象的な小さなビストロに入ることを決めた。

恐る恐るドアを開けると、愛想がなく恰幅の良いおばちゃんがどこでも好きな席に座れとジェスチャーで示し、こちらの顔を見ずに無言でメニューをぽんっとテーブルに置いた。周りを見ると、常連客と思しき人たちが皆一様、こちらを向いている。

その視線の束を背中に感じながら、見慣れぬメニューに目を通す。とりあえず、生気を快復すべく温かいものを――と僕らが注文したのが、オニオングラタンスープだ。それにトマトと胡瓜とチーズのサラダと、牛肉の煮込みらしき料理。それから、アルザスのリースリングとゲヴュルツトラミネールをグラスで一杯ずつ。注文している間、奥のテーブルに座る3人組の家族（父、母、息子、全員似た体型で眼鏡をかけている）がこちらの一挙手一投足を、粘度のある視線でねっとりと眺めているのがわかった。分かってるよね、君たちはここではアウトサイドの人間なんだからね、と無言の圧をかけてくる。

グラスを傾けながらしばらく待つと、奥のキッチンからグツグツと煮え立つオニオングラタンスープが運ばれてきた。揺れる湯気から立ち上る甘くて膨よかな香りを前に、忘れかけていた食欲と笑みが喚起され、瑶子さんの表情もいくぶん有機的な色合いを取り戻しているようだった。やはり料理は魔法だね、いつだって明るい気分を召喚してくれるよ。

日本人の手には少し大きすぎるスプーンで、表面を覆っているとろけたチーズの層と、その中に潜む黄金色のスープを掬い、フゥフゥと息を吹きかけながら慎重にそうっと口へ運ぶ――。

あ、と瞬時に舌に電光が走った。

あ！

あ！

取り戻した食欲は急速にしぼみ、笑顔は再び奈落の底に落ち、湿った夜の空気が一層重たくのしかかってきた。

アゝ、これはいけない、完全に向こう側へ行ってしまった味がする。きっと僕らが注文したのは、ずうっとずうっと太古の昔に作られたオニオングラタンスープだったのだろう。

僕の表情をニコニコと覗き込み、感想を今か今かと待ちわびる瑶子さんに、僕は無言で器を手渡した。ピリピリとした酸味と重たい油分が舌をねっとりと気持ち悪く覆い、それを流すためにワインを一口二口含み、ふぅぅ、と今日いちばん重たい息をひとつ吐いてから、窓の外に映る灰色の街並みを遠い目で眺めた――。

*

以来、オニオングラタンスープというとどうしてもこの時の味覚が蘇ってしまう。これではオニオングラタンスープに申し訳が立たなくなってしまった僕たちは、舌の記憶を良きものへ刷新すべく、帰国後すぐにこの料理を作らねばならなくなった。

オニオングラタンスープには、特別な工夫やひねりは必要ないと思う。丁寧に時間をかけてその時間を楽しみながら作ること。誰かと一緒にハフハフ息吐きながら食べる光景を想像すること。なんだか、それがいちばんの調味料な気がするのだ。

繊維に沿って薄切りにした玉葱を、バターを落とした鍋でゆっくり時間をかけて弱火で炒めてゆく。鍋底や鍋肌が焦げ付かないようにヘラでこそげながら、根気よく炒める。きつね色から飴色へ変化したら、鶏ガラでとったスープを加えて混ぜ、塩と胡椒を振り、薄切りのバゲットを浸してグリュイエールチーズ（なければ他のチーズでもよい）をたんまりとすりおろして、オ

ーブンで焼くだけでいい。そのシンプルな調理法から生み出される黄金色の液体は、それだけで小さな幸福を体現するに十分な気がする。

だけれど僕らはそこに、失われた「秋のパリの気分」も一緒に入れたくなった。うまく味わい尽くせなかった秋のパリ。府中《ふちゅう》の市場で買ってきた丹波《たんば》の大栗を蒸してから、スープの泉に忍ばせておこう。

舌を火傷しないように注意深く最初の一口を運ぶと、ぎゅっと凝縮した玉葱の甘みと旨味、チーズの芳醇なコクが優しく広がり、んまいね、と自然に声が漏れる。

思わず顔を見ると、んまいんまい、と瑶子さんもハフハフしながらスプーンを持つ右手が止まらない様子だ。ごろっとした栗の素朴な食感もアクセントとなって、これもまたいい。

これから冬が来て、その先の暖かい春が足踏みするまでに、幾度オニオングラタンスープを作ることになるのだろうか。そう考えていると、ふとパリのビストロで受けた、あのねっとりとした視線の感触を思い出した。

思えば、料理の世界においても自分たちは「アウトサイダー＝はみだし者」だった。フレンチやらイタリアンやら和食やら、特定の素地を持たない瑶子さんと僕が作る料理は、どこの世界にも属さない。寄りかかるものがない背中に、心細さを覚えることもしばしばである。だけれどこうして自分たちの記憶や感情を一つ一つ掬い上げてストックし、ふとした機会にそれらを編んでゆく過程で、うっすらと朧げだけれど、しかし確かな実感とともに、一つの小さな場所が立ち現れてくる。そこは、きっとどこよりも自由な世界に違いない。

◎「失われた秋を取り戻すためのオニオングラタンスープ」（2人分）

【材料】

玉葱・・・2個（550〜600g）

栗・・・4個

鶏ガラ・・・1羽（250g）

水・・・630㎖

バター（無塩）・・・30g

塩（ゲランドの塩）・・・5g

胡椒・・・少々

バゲット（薄切り）・・・4枚

グリュイエールチーズ・・・適量

①鶏ガラを流水で洗い、血合いや内臓を取り綺麗にする。熱湯をかけて湯引きする。

②鍋に①を入れ水を注ぎ、強火で沸騰させ、アクが出たら取り除く。弱火にして1〜2時間煮込む（水分が蒸発してきたら時折水を加えてまた強火にし、途中何度かアクを取る）。綺麗に透き通ったスープが出来たら、ザルで濾す。

③栗は蒸す（50分）か、塩水で茹でる（40分）かして、中までしっかり柔らかくしておく（蒸すと栗本来のほくほくとした濃い味わい、茹でるとしっとりとした味わいになる）。
④新しい鍋にバターを落とし、繊維に沿って薄切りにした玉葱を弱火で炒める。鍋底や鍋肌が焦げ付かないように、ヘラでこそげながら、根気よく炒める。
⑤2時間ほど炒めて玉葱が濃い飴色に変化したら、②と塩と胡椒を加えて混ぜ、火にかけ一煮立ちさせる。
⑥容器に栗を入れ⑤を注ぎ、薄切りのバゲットを乗せて、バゲットが隠れるくらいグリュイエールチーズをたっぷりすりおろす。
⑦250℃のオーブンで6分加熱し、熱々を提供する。

完璧な一日の始まり

ピーンポーン。

気怠い夏の朝8時にインターホンが鳴った。朝のお粥を食べ終わって、ちょうどその時僕は食後にひと息つくためのコーヒーを淹れている最中だった。もう少しで二人分の量まで落とせるからインターホンに出るかどうか迷ったけれど、仕方なくドリップする手を止めてポットを置く。

「はい、どちらさま？」

画面を覗くと、ランドセルを背負った小学生数人が落ち着かない様子で立っていた。

「スミマセーーン、ここはお店ですかー？　お家ですかー？　何のお店ですかーー？」

朝からなかなか鋭い質問をしてくる少年たちの、突然の訪問である。

「おはようございます。ええと、お店でもあるし家でもあるよ」

「ええー、どっちですか――？」

「お店でもあるし家でもあるんだ」

「………」

「住みながらお店もやってるんだ」

「あ――」

「そうなんだ、そういう店もあるんだよ」

「………」

何だかあまり納得していない様子である。ちょっと待ってね、と告げ、仕方がないので階下へ降りた。重たい木製扉をそうっと開ける。


「あの――、なんのーお店ですか――？」

「どういった店なのかは正直なところ自分でもうまく説明できないけれど………、ええっと、ごはんの店です。楽しいごはんを出してます。それから、お面や縄文土器《じょうもんどき》の欠片も売ってたりするよ。ほら、そこの壁にあるでしょ、縄文土器、知ってる？」

「えっ、ジョーモンドキ？」

「縄文土器、学校で習わなかった？」

「………」

「………」

「知ってます」

少年たちはもじもじしながら答える。

「なんとそれが売ってます、500円で」

「………」

「小学生のお小遣いでも買えてしまうという」

「………」

「何千年も前の縄文土器が………欠片だけれど」

「………」

「ワンコインで………」

「………」

「………」

「………」

（縄文土器があるってよスゲー）

（バカじゃねえの、ニセモノに決まってんじゃん）

少年たちのヒソヒソとしたやりとりが聞こえてくる。

この時販売していた縄文土器は、知り合いの古物業者から譲っていただいたもので、元は新潟に住んでいた、とある女性コレクターが長年かけて蒐集した代物らしい。今から3000年以上前に生きていた人々の手による生の確かな断片が、数奇な運命を経て、21世紀現在にこの国立の変な場所（自分で言うのも何だけど）でマクドナルドのハッピーセットと同じぐらいの値段で売られているわけだ。それが一体安いのか高いのかはよくわからないのだけれど。

「それって本物ですか――？」

少年の一人が訊いてきた。

「よく訊かれるんだけど、わざわざ偽物の縄文土器の欠片を作って、500円という値段では売らないと思うよ。リスクと労力とそれに対する見返りが釣り合ってなさ過ぎるからね。偽物を作るのならもっと大きくて高く売れるものを作ると思うよ」

彼らは扉の前でしばらくもじもじした後、何か腑に落ちないといった様子で静かに通学路へ戻っていった。外からは「お店かな――、お家かな――」という声がまた漏れ聞こえてきて、もう少しうまく説明できなきゃダメだな、と思ったけれど、いや、大人が（それも当事者なのに）うまく説明できない場所が街にあってもそれはそれでいいんじゃないかとも思えてきた。社会には、きっと余剰も必要に違いない。

＊

少年たちの予期せぬ訪問を受けた後、11時ごろになり、いつものように店（家）の前を箒で掃く。

店に面する富士見《ふじみ》通りには、毎日と言っていいほど煙草の吸い殻が捨てられている。僕は煙草を嗜む向きはないけれど、特に敬遠しているわけでも、かと言って好ましく思っているわけでももちろんなく、長年いたって中立的な無関心の立場を通してきた。だけれど店を始めてからはポイ捨てのあまりの多さに辟易としており（しかも植木の陰に捨てたりするのだ）、始末する側となってからは愛煙家をちょっとだけ忌避するようになっているのが実のところだ。

いつものように吸い殻を拾い集めていると、買い物帰りなのかコンビニ袋を前かごに入れて、くすんだ銀色の自転車に跨った小太りの中年男性が、じろりじろりとこちらの様子を窺っているのがわかった。口には煙草ではなく、アイスの棒を咥えている。僕は街の美化に勤しむ善良な市民を装って気づかないふりをしていたのだけれど、ついに話しかけられてしまった。

「前から気になっていたんだけど、ここは何なの？　何の店？」

「こんにちは。ええっと………、料理を出してます。飲食店です」

「いつからやってんの？」

「ええっと、ちょうど5年ぐらいになりますかね。そうですね、今年の7月で5年経ちました」

「へぇ、カードみたいのってある？」

「――――カード？　ああ、ショップカードですか？　すみません、もう作ってないんですよ」

「はっ」

なぜか小馬鹿にされたような感じで笑われてしまった。

「で、料理って何？　どんなの？」

「ええっと……、説明しづらいのですが、創作料理を出してます」

「創作料理って何？」

「ええっと……」

「洋食？　和食？」

「ええっと……どちらでもありどちらでもないのですが、和の要素もあり洋の要素もあり中華の要素もありエスニックの要素もあり……なんて言えばいいのだろう……でも、和か洋かで聞かれるとフォークやスプーンで提供してるから、どちらかといえば洋かと思いま……

…」

「どんなメニューがあるの？　看板メニューは？」

かぶせ気味に訊いてきた。

「看板メニュー聞いたら、どんな店なのか大体俺わかるから」

どうやら特殊能力があるようである。

「メニューはないんです」

「えっ、メニューはない!?」

「コース料理をお出ししてるんです、季節に応じた………」

「ふーん。例えばどんなの？」

「今ですとクミンを効かせた人参とパセリとスイカのスープとか、春先でしたら薄い衣で包んだホワイトアスパラガスを蕗の薹のソースで食べるものとか………」

「………」

「あとは、スパイスを効かせた牛肉を白玉粉の生地で包んだ料理とか………」

「………」

「………」

「………」

「すみません、ちょっとわかりづらいですよね」

「………」

「………」

「あ、そなんだ。ありがとね」


残念ながらきっと、僕の回答は彼にとって0点だったのだろう。小動物を狙うような、あるいは人間としての価値を見定めるような視線で矢継ぎ早に質問を浴びせてきた中年男性は、突然獲物を見失ったような、あるいは一切の興味が消失したような目の色に変わり、くたびれた自転車を立川方面へとゆっくり蛇行しながらこいでいった。その蜃気楼のような後ろ姿を眺めながら、僕は額に光る汗を拭い、軽く一息ついた。

その日はそれから気温が高くなり湿度も上がって、その年で二番目に暑い、とても蒸し蒸しとした午後になった。

*

プルルル、プル。

プルルル、プル。

プルルル、プル。


営業開始直前の時間帯、忙しなく動き回っている15時30分に店の電話が鳴り響いた。今日の営業は16時からだ。瑶子さんは鍋を温めたり、食材を切ったりと、狭いコックピットキッチンの中で慌ただしくしていて電話に出る余裕なんて全くなさそうである。僕もドリンクやテーブルのセッティングなどの準備でバタバタしていたので、出るか出ないかしばし迷った末、電話が出てくれと懇願しているような気がして（それにご予約の方からの急を要する連絡かもしれないし）、ええいっと、何コール目かに意を決して受話器を取った。

「はい、台形です」

「あの――――今から行きたいんですけど」

「ごめんなさい、事前の予約制で営業してまして本日はもう満席なんです」

「あのー、プリンを食べたいんですけど」

「ごめんなさい、今プリンは出していないんです」

実際のところ、こういった問い合わせがすごく多いのだ。この時点で、僕は電話に出たことを少し後悔し始めていた。


「えっ、カフェのアプリで見たんですけど」

「ごめんなさい、ちょっとそのアプリが何なのかわからないんですけど、今はプリンは出していないんです」

「今からプリンだけでも無理ですか？」

「えっと、ごめんなさい、ご説明したようにプリンは今出してなくて、カフェ営業もやってなくて、今は完全予約制のコース料理のみの営業なんです」

手を動かしながら電話に答えるが、なかなか作業に集中できない。


「えー、そうなんですか――、そのコースってどんなのですか？」

「えーっとですね、スープとかサラダとか肉料理とか、その季節によって色々ですね」

やってしまった、電話にも作業にも集中できないせいもあって、つい適当な返答をしてしまった。瑶子さんがこちらの様子をチラッとたしなめるような目で見るのが分かる。

「どういったものですか？　フレンチですか？　イタリアンですか？」

「いや、特定の国のものではないです、完全にオリジナルの創作料理です。あの、ネットとかで少し調べていただいたら情報出てくると思うので……」

「フレンチではないんですか？」

「ではないです。あの、ネットとかで少し調べていただいたら画像とかも出てくると思うのでもしよろしければそちらを……ごめんなさいちょっと今忙しくて……」

「ちょっと、ちょっといいですか、それって多国籍料理ってことですか？」

忙しいオーラを正直に醸し出しても、なかなか電話を切らせてくれない。

「いや、多国籍というか……、どちらかというと無国籍ですね。どの国にも拠っていない、国とかそういうくくりでは考えていないです。いろんな国の要素を取り入れているとは思いますが、特定の国や地域の料理ではないです」

「はぁ」

「ごめんなさいちょっと今バタバタしていて……、もうよろしいでしょうか」

時間が差し迫って慌ただしい状況の中、プリン目当てで電話してきた女性の疑問に全て答えてあげられるだけの余裕と優しさは、申し訳ないけれど今この僕にはない。それに、こういった問い合わせに対して100パーセント納得させられる答えがないということも、経験として分かっている。

「ちょっと、ちょっともうひとつだけいいですか、一人でも予約できますか？」

「はい、大丈夫ですよ」

「どのような方法を取ればいいですか？」

「基本的にはメールで承っております」

「メールアドレスって何ですか？」

おいおい、いい加減にしてくれ、と思った。

「あの、ツイッターとインスタグラムをやってますので、そちらを見ていただければ大体の料理内容や連絡先も分かると思います。予約方法や予約開始の日時も掲載しておりますのでどうぞそちらをご確認ください。ごめんなさい今開店前で手が離せないのでそれでは失礼しま……」

「あ、ちょっと最後にひとつ、最後にひとつだけいいですか」

全く空気を読んでくれない。

「あの――私、インスタのフォロワーが5万人いるんですけど、今の話の内容をアップして紹介していいですか？　あのー、いつも必ずお店の許可を取るようにしていて」

ふぅ、と僕はひとつ息を吐いてから、ゆっくりとした口調で答える。

「えっと……５万人だか50万人だかよくわからないのですが……いらっしゃっていないのに何の情報を上げられるのかもよくわかりませんが……上げたければ上げればいいと思いますよ。こちらにそれをとやかく制限したりする資格なんてありませんし、どうぞご自身で判断されて、ご自由にしてください。許可なんていりませんよ」

「………」

「………」

「はぁ、じゃあやめときますね！」

――ガチャッ。ツーツーツー。電話は一方的に終わった。後ろからピンクのスポーツカーで執拗に追い回されたあと、最後に突如時速５万キロで衝突されて立ち去られたような、そんなわけがわからない事故にあった気持ちになった。

フォロワー５万人、という言葉が脳内で再生されて、東京ドームをプリンラバー５万人が満たして渦のように熱狂している謎のイベントの様子が思わず目に浮かんできて、何だかそれは少しおもしろそうだな、と思った。

＊

翌日になって、僕らはまたいつものようにお粥を作り、朝の食卓を囲んでいた。真夏だというのに数日前から無性に牡蠣が食べたくなっていて、仕入れの際にパック入りの加熱用牡蠣が売られていたからこの日は牡蠣と干しエビを入れた中華風粥にしようと思った。

中華材料用の干しエビを細かく刻んで、米と水、生姜の千切りと一緒に鍋にかける。牡蠣は片栗粉と塩を優しくまぶして、冷水で綺麗に洗う。それを鍋に加えて火を通してから、塩で味を調える。トッピングは長ネギのナムルと、生姜の黒酢和え、それから醬油に漬けた実山椒だ。

プリプリの牡蠣と磯の香り、ネギのごま油、黒酢の生姜とがよく合って、それらを柔らかなお粥が、大地のような包容力でもって優しく包み込む。手元になかったけれど、パクチーなんかを添えてもよく合いそうだ。

額に小汗をかきながら、一口一口ゆっくりと運ぶ。時折、山椒の清涼が舌の上で静かに弾ける。

お粥ってほんとに美味しいね、と僕がボソッと呟くと、毎日同じこと言ってる、と瑶子さんに苦笑された。

お粥というものは、実にしみじみと体に沁み入る料理なのだ。舌が美味しいと言ってるのではなくて、体の奥のやわらかいところを優しくなでられた時に、体の奥の臓器たちが、「美味しいですね」としみじみ呟くのだ。その声が、ついつい毎日口から漏れてしまうのである。

その声が聞きたいからなのかは知らないけれど、僕らはいつしか季節に関係なく毎朝お粥を食べるようになった。

おなかの底から真に満たされた気持ちになった後、一息つくためのコーヒーを淹れる。すると、ピーンポーンとインターホンが鳴った。時計を見ると8時を指している。

「スミマセーーン、縄文土器ひとつくださいーー」

昨日の少年の予期せぬ再訪である。

本当は500円だったけれど特別におまけして、縄文土器ひとつを100円玉ひとつと交換した。それをぎゅっと握りしめた彼は、「家宝にします！」と興奮した様子でその場を立ち去っていった。

全くもって、完璧な夏の日の始まりだった。

◎「牡蠣と干しエビのお粥」（2人分）

【材料】

米・・・・半合
水・・・・700㎖
牡蠣・・・150g（6〜8個）

干しエビ（中華材料用）・・・10g
生姜・・・1片
塩・・・適量
片栗粉・・・適量

〈トッピング〉

長ネギ・・・5cm
ごま油・・・ひとかけ
塩・・・適量

生姜・・・1片
黒酢・・・小さじ2

実山椒・・・適量
醤油・・・実山椒が全て浸る量

①干しエビを細かく刻む。
②鍋に米と水、①、千切りにした生姜を入れ、蓋をせずに、米が柔らかくなるまで30分ほど煮る。
③牡蠣に片栗粉と塩を優しくまぶし、冷水で汚れがしっかり取れるまでよく洗う。汚れが取れたら水気を切っておく。
④②に③を入れ、牡蠣に火が通るまで煮て、塩で味を調える。お好みでトッピングを添える。

〈トッピング〉

◎長ネギのナムル

長ネギを薄く斜め切りにして、ごま油と塩で和える。ネギの臭いが気になる場合、あらかじめネギを水でさらしておくか、和えた後に電子レンジで10秒程度加熱するとよい。

◎生姜の黒酢和え

千切りした生姜と黒酢を和える。

◎実山椒の醤油漬

瓶に下処理した実山椒を入れ、ひたひたに浸るまで醤油を注ぐ。そのまま1ヶ月程度、冷暗所に置き、味を染み込ませる。

ぬ

「ぬ」がやってきた。

厚揚げのような色をした、ぬ。角ばったフォルムが愛らしい、ぬ。

長かった残暑と入れ替わるようにして金木犀《きんもくせい》の優しく甘い香りが風に運ばれる頃、ぬは僕らの元にやってきた。

これから一緒に歳を重ねていきましょう、と声をかけると、生まれたばかりのぬは満更でもなさそうにブォンブォンと軽快なエンジン音を吹かせた。ぬは僕らにとって、チャーミング、という言葉をそのまま体現したような存在に感じられた。

ぬがやってきたのには、わけがある。

登山用リュックに食材を目一杯詰め込み買い物袋4~5個を自転車の両ハンドルに下げてゼイゼイ息を吐きながら毎度車に轢かれそうになる危険を乗り越えて仕入れに行くのがいよいよ困難になってきたわけであり、仕込みの日にはこれを一日に何往復も行うのは誰が見ても非効率的なわけであり、さらにいうなら遠くの市場で活きの良い食材を買いたいし地方の生産者にも直接訪れたいし見知らぬ土地へいつでも気兼ねなく移動して未知の食体験を得たいわけである。

おのずと、僕らには車が必要だよね、きっと、という結論に至ったのだった。

車を手に入れたからには遠くへ行かねばならない、という謎の強迫観念に駆られたのかは知らないけれど、ぬを新たな家族の一員として迎え入れた三日後の夜更けには、矢も盾もたまらず極北の北海道へと僕らの足は自然に向かっていった。

*

時刻は、午前3時前。寝ぼけ眼をこすりながら、瑶子さんと僕はぬに乗り込んで寝静まった街を後にする。今日という一日がまだ始まっていないその人気のない道を、愛らしい丸ライトの光が懸命に照らしながら走ってゆく。

平日の夜明け前の高速道路は、運転手が見えない大型の長距離トラックばかりで、まるで現実の裏側にあるもう一つの世界を疾走しているような、少しだけ幻想的な錯覚を覚える。ぬは速度を頑張りすぎると、風に煽られて小刻みにカタカタ左右に揺れ始める。今ひとつ安定感には欠けるけれど、それが僕らの連れ合いとしては合っているような気がしなくもなかった。

今こちら側の世界では、無人の長距離トラックたちと、ぬと瑶子さんと僕だけしか正常に動いていないんじゃないかと思えてきて、その奇妙な空想は、想像していた以上の「自由」という光景そのもので、高まる気持ちに呼応してアクセルをぎゅっと踏み込むと６６０ccの非力なエンジン音がフォーンと車内に高く鳴り響き必死に応えてくれる。大きな体軀のトラックたちに囲まれながら、小柄なぬは不安定に、けれども健気によく走った。

朝がやって来る前の世界はどこまで追いかけても変わらず、しん、としていた。

数時間は経ったろうか。ちょっとずつ、ちょっとずつ、今日という一日が起き上がって遠くから顔を出してくるのが分かる。

窓を少しばかり開けると、澄み切った純度１００パーセントの生まれたての朝が車内に吹き込んできて、それを顔で受け止めながらゆっくりと鼻で吸い込み、口で大きく吐く。こうしてぬと瑶子さんと僕はひとつの小さな風になったような気分で、どこまでも軽快に駆け抜けた。淡い青色の朝靄に包まれながら、うねうねの峠道だってどこまでも駆け抜けた。

そんな感じで、しん、とした世界がしばらくは続いたわけである。

それからいくつかの山を越えて、フェリーに乗って海を渡って、数個の朝と夜をまたいだ。北上してゆくにつれて、季節は急スピードで秋へと向かっていった。

空はどこまでも広く青く澄み渡って、まっすぐな道が地平線の彼方まで延々と続いていて、遠くに見えるこぶのような小高い山々には緑の絨毯がかぶさって、その中には赤や黄やオレンジに色づく木々が見えた。気持ちの良い平野を颯爽と駆け抜けると、荒々しい大海原がふいに車窓に開けたりもしたし、二重の大きな虹が湾にかかっている光景にも出会えたりした。

次第に人の気配よりも、それ以外の気配の方が色濃く感じられる別の領域に足を踏み入れていて、そこでは当然のように人間よりも動物の方が多くて、また鹿か、と思うほどには至るところに鹿がいた。いや、鹿だけではない。田んぼでは丹頂たちが羽を休めて餌を啄ばみ、牛や馬は午後の陽光を全身に浴びながら気持ちよさそうに草を食み、夜になると藪に身を隠したキタキツネが静かな目でこちらの様子を窺っていた。明け方には、大きな黒い熊が道を悠々たる歩調で横断していくさまにも遭遇した。

その度に、「わぁすごいね」「うわすごい」とバカの一つ覚えみたいにすごいすごいとしか僕らは言わず、だからと言ってすごいものに対峙した時にそれをいちいち仔細に言葉にする方がすごさを矮小化するようでバカバカしくもあり、もうただ、すごいという言葉だけでその場は十分なのだった。

そんなすごい数日間を、僕らは駆け抜ける風のまま過ごした。

＊

ぬに乗って何日目の日没だったろう。その日は、太平洋に面した海岸線に位置する小さな漁師町に寄り、その日に水揚げされたばかりの真牡蠣の濃厚さに二人で大いに舌鼓を打っていた。そこは奥に小さなイートインスペースもある漁業協同組合の直売所で、生牡蠣数個を食べ終わると、カニや帆立といった他の海産物を買い込んでその日の宿泊予定地である岬の先端へ向かって、ぬを走らせた。

火の玉のような夕陽が町の暮らしを真っ赤に染めながら、ゆっくりと沈んでいく。その眩しい赤光を後ろに背負い、湿地の奥に続く道を僕らは目指したのだった。夕陽が沈むと、道は闇に吸い込まれていった。太陽が消えると当たり前に視界も失われる。ここでは僕らが普段生活している場所とは違って、ほんとうの夜がやってくるのだ。

突然に、道を塞ぐ大きな黒い物体がライトで照らし出され、思わず僕はハンドルを大きく右に切った。


――鹿だ！


先行車に轢かれたのか、だらりと横たわっていた巨大な雄鹿は、内臓が飛び出て黒い血が道路を染めあげ、光を失った眼球は運転するこちらを凝視し、ガラス越しに確かにハッと目が合った。アスファルトに寝そべりながら生と死のあわいを見つめているような、まだ生気が完全には失われていない生々しい視線の感触がそこにはあった。

あまりの唐突さに僕らは強い衝撃を受けてしまい、それからの道中はすっかり気持ちが沈んでしまったのだった。道は暗闇そのもので何も見えないぶん、先ほどの雄鹿の姿がありありと脳裏に蘇る。

ぬ

周囲は真っ暗だけれど、しかし車のライトが近づくにつれ、両脇に続く湿地との縁に鹿が何頭も何頭もまるで列をなしているように直立し、顔だけこちら側に向けて静かにじっと眺めているのがわかった。視線の束に、きゅっと身が硬まる。彼らの冷たくて硬い眼差しが、先ほどの轢かれた鹿のそれとも重なり、招かざるものを追い払う厚い念のように感じられて痛々しい。彼らに接触しないように、刺激しないように、細心の注意を払いながらゆっくりと車を走らせる。なんだか岬というより黄泉《よみ》の国へ向かっているような気がして、ハンドルを握る手が自然に汗ばむ。背中や脇から嫌な汗がスーッと幾筋か流れる。カーステレオからは、タイミングよく不穏な音楽が鳴り出す。数年前に下北《しもきた》半島の恐山《おそれざん》に向かった時も今と同じような空気が漂っていたっけかな、なんて、過去に体験した中でいちばん霊的だった感触を思い出してしまったりしながら、重たい気配に取り憑かれたまま目的地への道を急いだ。

「僕らは今黄泉の世界へ向かってるんだからね」

乾いた笑みを浮かべながらそう言ったけれど、横に座る瑶子さんは何も答えない。ぬも何も答えず、相変わらず不穏な音楽を車内に鳴らし続けた。

岬に到着すると、先端にすっくと立つ灯台の、回転する煌々とした光線に目が眩んだ。黒い海へと放たれたそれが、まるで彼岸の死者と交信しているようだなんて思いながら、小さなライトで手元を照らしながら今晩の食事の準備に取りかかる。といっても、僕は暗闇の中での長距離運転と、急に冷え込んだ凍えるような夜の寒さと、唐突な死骸の衝撃とですっかり精根が尽き果ててしまった体たらくであり、実際に準備をしたのはほとんどが瑶子さんの方だった。

後部座席を折り畳んでから運転席と助手席を後ろに目一杯倒し、空気マットを膨らませて車内一面に敷き段差を和らげて、ぬの狭小車内を最大限に活用して車中泊用にカプセルホテル化を図る。僕はそこでふかふかの羽毛布団にくるまりながら、「瑶子さん、頑張れ〜〜」だなんて弱々しく鬱陶しい声援を送っていた。

コンロを外に置き、横開きの荷室のドアを開放して風除けにしながら、帆立やカニなどを網でじりじりと炙る。そして自宅から持参していたアルゼンチンの白ワインの栓を抜いて、寒さと恐怖を払うように早いピッチで二人で呷った。

火は明るくて暖かくて、単なる食材をひとつの立派な料理へ、いとも簡単に変貌させる。こんな小さなコンロの人工的な炎だけれど、それでも暗闇に灯る有機的な色合いは、心に作用して、昂ぶった気持ちや不安まで静かに鎮めてくれる。火は、現代においても当たり前に魔法だ。闇に覆われた灯台の下で僕らは今、小さなコンロの火を囲みながら、すぐ下に広がる海の幸を炙り、地球の裏側で作られたワインを二人ぼっちで愉しんでいる。体の緊張が少しずつほぐれ、落ち着いてくるのがわかった。

あそういえば、と車の端にかかった袋を手探った。昨日道の駅で、食材をいくつか買っておいたのを思い出したのだ。

これでも焼こうか、と小ぶりのピーマン二つを取り出し、手で汚れを払ってヘタもワタも取らずにそのまま網の上に乗せじっくりと火を通す。表面が黒く焦げついてきたら、ひっくり返して反対側にも焦げ目をつける。時折、野菜の汁がこぼれて火に落ち、ジュッと音が鳴った。両面に黒い焦げの膜が張ったら皿に盛り、醤油を垂らす。さらに鰹節をパラパラと振りかけ、一昨日に牧場で買ったミモレットチーズをナイフで薄く削って、鮮やかなオレンジ色を散りばめた。

これをワタや種ごとかぶりつくと、中に閉じ込められたピーマンの甘みが口の中で溢れた。熱くてとてもジューシーだ。

これがピーマンの一等美味しい食べ方だと、日頃から僕らは豪語している。火がつくってくれた焦げ目が香ばしくて良い調味料となり、鰹節や醤油の香りと実によく合う。チーズの芳醇なコクがピーマンの苦味を優しく受け止めて、味わいに奥行きを与えてくれる。いつもは捨ててしまうワタの持つ甘みも、この食べ方から教わったのだった。

その晩は寒さも相まって震えるようにして、ぬの中でひとつにくるまり僕らは眠りについた。岬の夜の濃度は濃くて、早く眠らないと闇が体に染み入ってくるようだった。

＊

翌朝になると、海の向こうから登る朝日に見惚れながら、僕は歯を磨いた。

ぬ

昨夜とは打って変わってあっけらかんとした朝が嬉しくて、前歯、奥歯、奥歯の奥にある親知らず、前歯の裏側、奥歯の裏側、奥歯の奥にある親知らずの裏側、また前歯、というように、長い時間をかけて丁寧に必要以上に歯を磨いた。磨き終わると、阿寒湖の土産物屋で買った鳥笛を海に向かって、ピューピーピュューッと試しに吹いてみたのだった。そうやって昨晩に感じた海の向こう側と交信しようと試みたけれど、特に何とも交信できなかった。

瑶子さんはぬの中で、いつまでも深く眠っていた。

夜は怖い、朝はありがたい、というシンプルな真理。だけれども、ほんとうの夜が訪れない東京では気がつかないのだ。

◎「一等美味しくなるピーマンの丸焼き」（2人分）

【材料】

ピーマン・・・2個

ミモレットチーズ・・・適量

醤油・・・適量

鰹節・・・適量

①ピーマンをよく洗い、キッチンペーパーで水気をよく拭き取る。
②網に乗せ、しっかりと両面に焦げ目がつくまで焼く（魚焼きグリルや、オーブントースターでもOK）。
③皿に盛って醤油を垂らし、その上に鰹節、ミモレットチーズをすりおろしてかけ、ワタや種ごと食べる。

朝プリン

数日降り続いている雨は今朝起きてもやっぱり止んではなくて、湿気でボワボワに広がった長髪をゴムで結わえながら階下に降りてきた僕は、冷蔵庫の奥に眠るプリンをひとつ手に取った。低気圧のせいか、それとも蒸し暑くてよく眠れなかったせいなのか、なんだか頭が気怠く重いけれど、あまり気にしないようにした。

少しだけ〝す〟が入りすぎたプリンは、失敗というほどではないにしろ最良とはいえなかったので、この前の日曜日にお客さんには提供しなかったものだ。もちろん味は申し分ない。カップのまま食べようかと思ったけれど、せっかくだからと銀色のステンレス容器に乗せてあげた。明け方の曇天の控えめな光に、台形型プリンの上底が鈍く照る。装飾的な脚付き容器の上に供物みたく捧げられた早朝のプリンは、美しくたおやかだった。

余ったキャラメルソースを温めてからスプーンで上にとろりとかけたら、底に沈む黒いカラメルソースと静かに混じり合った。

先週からデザートとして提供しているこのプリンは、一般的なものとは違ってブランデーを中に加えて焼き上げている。そこに、冷たくて苦味を効かせたカラメルソースと、ほんのり温かくてまろやかなキャラメルソースがかかる。一般的なカラメルソースだけではなく、キャラメルソースをかけるのが一つの特徴だ。口に含むとブランデーがほのかに薫り、二種類のソースが混じり合ったり合わなかったりして、変化を生む。甘美な気持ちにさせてくれる。ちびちびとつまんでは、強い蒸留酒なんかを一緒に合わせたくなる。これは3時のおやつではなく、夜がよく似合うプリンなのだ。それを起きたばかりの僕は一人、朝5時にごそごそと食べ始めたのだった。

プリンを一口二口つまむと、寝起きの一食にしては少々重たすぎる味わいが口の中に広がった。そのねっとりと引きずる余韻を感じながら、オールドビーンズのマンデリンを濃く淹れる。ポポポポポ、と沸騰した湯をポットの口から細く注ぐと、豆が半球体状に膨らんだ。ゆっくり拍動する臓器みたいに、膨らんでは萎みを繰り返し、その様を見ながら少量の湯を断続的に注ぎ続ける。

甘味と苦味が香ばしく立ったコーヒーを大きなマグカップに注いでから、牛乳を適量加えた。こうして作るいつものカフェオレは、夜のプリンに実によく合った。と言っても今は、早朝5時なのだけれど。

大体僕が起床するのは午前4〜5時の間で、瑶子さんも街もまだ眠っている静かで澄みきった空気は、なんだか自分だけが呼吸しているような気がしていつも少しだけ得をした気分になる。

そうして真新しい空気のなか僕は顔を洗い、歯を磨き、カフェオレを淹れてから、黙々と毎朝刺繍に励むのだった。刺繍とは、針で糸を刺す、あの刺繍のことだ。針仕事のことだ。

無音の朝に針を刺すと、今日という一日がゆっくりと体に浸透してきて、思考も新しいものへ巡る気がする。刺繍は反復作業に手が追われているぶん、体が一定のリズムを刻むようになり、色々な空想が平時より自由に巡りやすいのだと思う。考えごとの質というようなものが、少しだけ違う位相へと飛びやすいのだ、きっと。

その日は朝から甘いプリンなんかを食べたせいか、遠い舌にいざなわれるようにして手元の糸は記憶の針目へと変わり、それは知らぬ間に幼少時代の網に絡まってほどけなくなっていた――。

＊

フランス語で道化師、という意味の洋菓子店を営んでいた両親は、売れ残りや失敗したケーキを閉店後、毎日のように自宅に持ち帰ってきた。

苺のショートケーキに苺のムース、シブーストにサヴァラン、エンガディナーにアップルシュトゥルーデル、タルトタタンにサンマルク、パリブレストにミルクレープ、レアチーズケーキにタルトフロマージュ、シフォンケーキにガトーカシス、モンブランにクレームブリュレ――。

子供たちが寝静まった深夜、外から聞こえるスクーターのエンジン音。片手には、赤くて大きなタッパー。中には雑然と詰め込まれて、艶やかな光沢を纏った甘い物たち。

「おい、ケーキあるぞ」――いつもの疲れ切った一声。

そうして食欲旺盛な小学生たちはいそいそとベッドから這い出て、父親におかえりなさいと告げ、重たいまぶたをこすりながらむしゃりむしゃりと毎晩ケーキを頬張るのだった。

おかげで僕ら三兄妹は一年中、本当に毎日と言っていいほどケーキを欠かさず食べていたのだった。一晩に2、3個なんてざらだったにも関わらず、よく誰も太らなかったと思う。

一方の父親はというと、自分では洋菓子を一切口にしない洋菓子職人だった。少なくとも、自ら好んでケーキを食べている姿は未だかつて見たことがない。と言っても甘い物を口にしないわけではなく、酒も煙草も嗜まない父親はむしろ大の甘党で、僕らがケーキに夢中になっている横で、羊羹や最中や固い井村屋《いむらや》あずきバーを食べながら、深夜のテレビニュースに向かっていつも講釈を垂れているのだった。だから自宅には父親用の和菓子（もしくは井村屋あずきバー）が欠かすことなく常備されていて、そして父親だけが家族の中で唯一おなかがポッコリと丸く出ていた。きっと、ケーキは太らない成分でできていて、和菓子は太る成分でできているんだと思う。

というわけで我が家の冷蔵庫にはいつだってケーキがあり、それは翌日の朝食として食卓に上がることもしばしばだった。朝からケーキというシチュエーションのありがたさを感じるでも、かといって特段変わっているとも自覚するでもなく、それはあくまでも日常の光景として、トーストや目玉焼きやくし形切りのりんごの横に平然と並ぶのだった。

＊

深夜にケーキを食べながら聞く両親の会話は、日中とは違っていつも大人びて響いた。会話の意味はわからないから、そのぶん固有名詞だけが耳によく残る。ヒグチさん、シブヤさん、よっちゃん、ヨシダくん、フナコシさん、ナマエさん――。それはその時々の従業員だったり、店によく足を運ぶ常連客だったりした。嬉しく楽しそうな響きもあれば、嫌で吐き捨てるような響きの時もあった。

その中の一人に、〝ショーゾー〟という名前があった。その少しアナクロニズムな語感は、子供ながらに特に耳に残りやすかったのだろう。父親が「ショーゾーがなぁ」などと話していたのを思い出す。

他の固有名詞と同様、もちろんそんな名前のことなんて忘れ、僕は大人になってからその正体を知ることとなる。

おそらく20歳ぐらいの時だったと思うけれど、父親とのふとした会話の中で「黒磯《くろいそ》にあるショーゾーって店知ってるか」と突然訊かれたことがあった。

大昔にうちで少しだけ働いていたショーゾーってやつがやってる店なんだけどえらく人気みたいなんだよなぁスゲェよなぁ、と言われて初めてピンときたのだった。小さな頃に耳にしていた〝ショーゾー〟って、あのショウゾウカフェの〝ショーゾー〟だったのか、と。もちろん知ってるよ、と僕は答えた。

こういった驚きは、しばしばあった。

よく話に出てきた〝フナコシさん〟の正体が、著名な彫刻家のことだと知ったこと（しかもその人は、僕の友人の親戚だったことも後になって知る）。好きでよく聞くミュージシャンが生前、店の常連客だったと知ったこと。そういえばカップルでよく来ていたその若くて才気溢れるミュージシャンのことを、父親がたまに話していたと思い出したこと。

大人になってからの知識だったり嗜好だったりが、唐突な文脈で自分の家族の過去と接続するたび、少しばかり時間がよじれる感覚があった。

そうして〝ショーゾー〟の正体を知ってから数年後だろうか。益子《ましこ》の陶器市に行く機会があったので、ついでに足を伸ばして、黒磯の『ショウゾウカフェ』に立ち寄ってみようかと思ったのだった。

雑貨や服などを販売するショップも併設されたカフェは、平日だというのに満席に近かった。

その時は瑶子さんも一緒で、スコーンとチーズケーキに、僕は温かいコーヒーを、瑶子さんは冷たい木苺のソーダを頼んだ。厨房の方を覗くと、若いスタッフに混じって一人だけ年配の男性がいるのが見える。周りのスタッフたちに指示を出している優しそうな目をしたあの方が、きっと〝ショーゾー〟に違いない。

ショウゾウカフェのコーヒーは僕が好きな深煎りで香りよく、木苺のソーダは果実感たっぷりの爽快な味わいだった。それに合わせるスコーンもチーズケーキもとても美味しくて、僕たちは暖かい真綿のような時間に体と心をふっくらと包まれて、疲れが溜まった日常のしこりをすっかりほぐされたのだった。

そして会計の際、対応した若いスタッフの背後の厨房に向かって、「あの――」と思い切って声をかけてみた。その声に反応して、奥にいた男性がこちらに顔を向ける。

「あの、下北沢《しもきたざわ》にある……」と両親の店の名前を告げて挨拶をすると、男性は「えっ‼」と大きな声を上げて近づいてきた。

「あの、昔父親からショウゾウさんのことを伺ったことがあって、それで今日近くに来たので寄ってみたんです」と伝えると、びっくりした様子で、「ええっ、僕がここを始めるずっと前に働いていた店だよ。いやぁ全然お父さんと似てないねぇ！　本当に息子さん？　いやぁ全然似てないねぇ！　似てないねぇ！」と似てないことだけを殊更に強調された。

そしていくつかの言葉を交わした後、「あ、まだ時間ある？　ちょっと待ってよ」と言い、近くのスタッフに指示をして何かを作らせて、これ飲んでみてよとカップを一つ手渡された。

「お父さんのケーキで使ってたキャラメルの味が好きでねぇ、それが忘れられなくてイメージしてこれをつくったんだよ」と本当かどうかわからないけれど、目の両脇に小さな優しい皺を寄せ、微笑みながらそう言ったのだった。

レジの前に立ちながら、僕は手渡された飲み物を飲んでみた。それは、キャラメルソースをミルクで割った、ほんのりと甘くてほろ苦い風味とラム酒の芳醇な香りが広がるものだった。

その時、いつもと違う場所から、短い風がふっと胸に吹いた。匂いの風だった。記憶の風だった。

今思い返すと、それは僕らのプリンと同じような甘美な飲み物で、吹いた風は多分、生きる、風だった。糸のように繋がった。

*

そんないくつかの記憶のあわいを、ほろ苦いキャラメルソースがかかったプリンをつまみ、針で糸を刺しながら、舌が思い出すでもなく思い出していた。

結局、両親の仕事は三兄妹の誰も継がなかった。

台形をオープンする前、瑶子さんは父親の仕事を少しだけ手伝っていたことがあって、それから程なくして、両親は店を畳んだ。瑶子さんが手伝っていた時間はあまりにも短い間だったけれど、その時教えてもらったであろう洋菓子作りの基礎的な技術は、隔世遺伝の変異種のようなかたちで少なからず受け継ぎ、糸で繋がっているのかもしれない。料理はそんなふうに、幾重にも刺し重ねられた刺繡のようなものだ。針目は次の世代へと、異なる糸を交えながら間断なく継がれてゆく。図像の上にまた新しい図像が、刺し重ねられてゆく。手の匂いまで一緒に、刺し重ねられてゆく。

おはよう――――。

明後日の方向に寝癖がついた短髪を手で抑えながら、瑶子さんが重い足取りでドタバタと階段を降りてきた。糸を刺す手を止めて顔を上げ、「おはよう」と僕も答える。糸を刺し始めて数時間は経ったろうか。窓の外では、変わらずに雨がシトシトと降り続いている。重かった頭は、いくぶん軽くなったような気がしなくもない。

「ねぇ」

僕は瑶子さんに話しかける。

「キャラメルソースを入れたホットミルクでも作ろうと思うんだけど――――飲む？

パンも焼くからそれと一緒に」

「え、飲む飲む」と瑶子さんはまだ寝足りないといったような、うわずった声でそう答えた。

僕は針と布を傍らに置いて立ち上がり、少し遅めの朝食の準備を静々と始めた。

◎「朝を迎えるためのキャラメルミルク」（2人分）

【材料】
牛乳・・・250㎖
生クリーム・・・110㎖
砂糖・・・50ｇ
ラム酒・・・お好みで

①砂糖はとろ火でゆっくり加熱し、透き通った液体が徐々に全体的に茶色く変化してきたら、少しずつ生クリームを加えてその都度ヘラで手早くかき混ぜ、それを何度か繰り返し、焦がさないようキャラメルソースをつくる。
②鍋に牛乳とキャラメルソース大さじ10を入れ、弱火で温めながらよくかき混ぜる。カップに注いだら、好みでラム酒を2〜3滴垂らす。

デイドリーム

――だから、僕たちは毎日働かなくてはならないので

昨日立川で観た映画に出てきた、ひょろっと痩せて背の高い柳のような男性が、確かそのようなことを劇中でボソッと呟いたのだった。静かで不穏で不安定な時間が180分も続く、それぞれが喪失を抱えた男女の失われた日常、のような日常を描いた映画だった。

そういえば僕も隣に座っている瑶子さんも、もう1ヶ月以上も働いていないのだなぁと、その台詞を耳にした時、何とはなしに思ったのだった。

映画館から出ると立川の街はもうすっかり暗くなっていて、頭上をモノレールが滑るように行き来する広い遊歩道では、家路を急ぐ背広姿の人々が黙々と駅方向へと、大きな川に身を任せる魚のような浮遊感で、前を向き一方向へ流れ歩いていく。

その大きな川の間間にある離れ小島のような暗がりに、点々とベンチが設けられていて、そこに腰掛ける帰宅途中の若い高校生カップルがマスク越しにチュッと口と口を合わせているの

を目にした。その時はなんだか妙なものを見た気がしたけれど、後から思い返しても、やはりとても不思議な光景だったように思える。あれは果たして何だったのかしらと思うわけだけど、そんな光景を偶然に目撃してしまったのは、長くて不安定な映画の中からきっとまだ体が抜け出せていなかったからに違いない。

僕らは川の流れを逆走して自転車を走らせ、税務署の脇を右手に曲がった。

瑶子さんと僕は、もうかれこれ1ヶ月以上も働いていないのだった。

ここでいう「働く」とは、店を開く、という意味であり、その意味においては確かに働いてはいなかった。感染状況の悪化がピークに達した8月末から1ヶ月以上、台形は休業状態である。ただもう少し丁寧に説明するのなら、働いてはいないけれどその間仕事をしていなかったわけではなく、むしろ1日も休むことなく僕らは仕事をし続けていたとも言えるわけであり、それは「働く」と「仕事」の違いの話かもしれなくて、身を粉にして働くという言葉があるように心身を粉々にするまで擦り減らすことこそ「働く」の本分と思われている一方で、僕が考える仕事というのはそれよりもっと広くて、たとえ店を開いていなくても心の根っこが店に繋がっていればその時間は仕事をしているのではないかと思ったり、さらに言うなら僕らの生活においてはその根っこが店と繋がっていないことなど何一つ存在しないのだから、そう考えるならば「生きる」はそのまま仕事であって、先ほど言ったように僕らはいつだって1日も休むことなく仕事をし続けている、と言えるのではないかと思ったりする。大事なのは、良く働く、ではなく、良い仕事をする、であるはずで、良い仕事と良く働くことは関係がないはずなのだ、きっと。

とまぁそんな詭弁が通用するはずもなく、世間からみれば僕が考える「働く」と「仕事」の違いなんてどうでもよくて、1ヶ月以上も川の流れが及ばない水たまりの上をスイスイ浮いているだけのアメンボみたいに映っているのだろう、きっと。

＊

「アメンボアカイナアイウエオ。ねぇ知ってた、アメンボって水馬って書くんだよ」

瑶子さんは時々妙なことを知っていたりする。特に生き物について。シャチは母系家族なんだよ、カバと同じで、とか。たまに眠れない日なんかにテレビの深夜放送で動物番組を見てるからに違いない。

「へぇ、馬って感じじゃないよねぇ。そんな躍動感感じられないしねぇ。雨んぼの方がなんか似合ってない？」

そう訊くと、瑶子さんは僕の質問には答えず、逆に問い返してくる。

「焦げた飴みたいな匂いを出すから飴坊とも書くらしいけど、水馬の方がなんか良くない？」

僕も瑶子さんの真似をして答えずにいると、

「なんか良くない？」

ともう一度訊くので、

「そうだね、馬っぽさは全然ないけれどそっちの方が断然いいね」
と心なく答えた。

1ヶ月以上前から始まった僕らのアメンボ生活は、大体が同じことの反復だった。目覚めたら軽い朝食をつくり、二人で食べる。陽が高くなったら昼食をつくり、二人で食べる。陽が暮れてきたら夕食をつくり、二人で食べる。夕食時にはたいてい赤ワインか白ワインかビールをゆっくりと合わせて、三日に一回はちょっと飲みすぎたねと反省を口にする。夕食を終えるとうとうと眠気を覚え、夜のニュース番組が始まる前には三階のベッドに潜り込む。大体僕が先に目を閉じ、しばらくしてから後を追うようにして瑶子さんが目を閉じ、そのまま二人で翌朝まで浅い眠りにつく。就寝中には決まって二度、夜中と明け方に目が覚める。

日々の料理をつくるのは瑶子さんだったり、時には僕だったりして、食事と食事の合間には、本を読んだり、新しいメニューを考えたり、お菓子をつくったり、刺繍をしたり、掃除をしたり、洗濯をしたり、車で日野の角上魚類《かくじょうぎょるい》まで買い物に出かけたり、静かな映画を観たり、うだうだインターネットをしたり、文章を書いたりして過ごす。

天気の良い日には屋上に上がり、コーヒーやお酒でも飲みながら遠い向こうにそびえる富士山をぼうっと眺める。すっかり様変わりしてしまった世界の中で遠くに見える富士山だけが落ち着き払って自立しているように思えて、不気味なぐらいに確かな実感としてそこにいる。富士山を見ているとなんだかこちらが見られているような錯覚すら覚えてくる。

今日が終わると明日がやって来て、その次にはまた同じような明日がやって来る。日々の境界は曖昧に溶けていって、17時に告げられる時報代わりの「今日の感染者数」の推移だけが今日と昨日との違いとなる。台形はさながら現代社会のサナトリウムのようで、見えない透明の皮膜で保護されて、この一棟だけが街の中でぷかぷかと毎日浮遊して時間の表層を漂っている、そんな気がするのだった——。

瑶子さんはこのアメンボ生活の間、なぜだか知らないけれど台湾カステラをつくることに妙にハマってしまったらしく、ホイッパーをチャカチャカとかき混ぜる音が毎日鳴り響いた。おかげで居間のテーブルの上には常に台湾カステラが皿に盛られ、まるで冬の実家の蜜柑みたいに、いつでも気が赴くままに頬張ることができたわけである。

瑶子さんがつくる台湾カステラは、醬油を加えて焼き上げるから、焦げた飴のような甘い香ばしさがほのかに口に残る。そう、アメンボ生活にふさわしい飴坊カステラなのだ。

口に入れると表面こそ微かにサクッとした食感を覚えるけれど、その後は歯がいらないほどフワッフワで、顎を数回動かしているうちに気がつくと溶けて口の中から失くなってしまう。世界食感コンテストのようなものがあったら、きっとフワフワ部門で一位を取れるんじゃないかと思うほど、フワフワ界における極致の一つだった。なんだかそれは、10月の秋晴れの午後に昼食を終えてソファで微睡みながらうとうとと見る、温《ぬく》い夢のような食感だ。いつしか、朝ごはんも台湾カステラ、おやつも台湾カステラ、デザートも台湾カステラ、となっていった。

台湾カステラは軽いから、いくら食べてもあまり食べた気にならなかったので知らず知らずのうちに口に入れてしまう危険性があり、そのうえ瑶子さんが次から次へと焼き上げて気づけば皿の上に新たなものが補充されていくので、まるで無限ループするこの日常をそのまま焼き上げたようなお菓子だった。

*

日々飽きることなく台湾カステラを頬張っているうちに、気づけば半袖だと少し肌寒い季節に移行していて、ようやく袖が長くなったかと思えば、すぐにもう一枚カーディガンを羽織らなければならなくなっていた。動いていないように思えても、時間は一方向へ確かに過ぎているようだった。

その頃には巷の感染状況もだいぶ収まって、緊急事態宣言やらなんちゃら期間だといった各種制限は解除され、時報代わりだった「今日の感染者数」はニュースで大きく扱われなくなり、僕らもいつしかあまり気にしなくなっていた。自然と、じゃあそろそろ店を再開する頃合いでしょうか、となったのだった。

久しぶりの営業だったのと、ついにお酒の提供が解禁されることが嬉しくて、再開初日から心機一転、僕らは新しい試みとしてアルコールペアリングを始めてみた。

6品の料理に対して、それぞれ異なったアルコールを提供する。ジョージアの蠱惑《こわく》的なクヴェブリワインから始まって、ノルマンディーの古来製法によるスモーキーなシードル、ヴェネトのリパッソ製法による強壮な赤ワイン、青森産スチューベンを瓶内発酵させた新進気鋭のロゼワインと、800年以上前のワイン発祥地から出発し、その後に伝わったヨーロッパ各地の多様な味わいを辿りながら、最後に現代日本の新しいお酒のかたちへと着地する。僕は船頭になった気分でお客さんを船に乗せ、アルコールで太古のコーカサスから現代の極東へと、時間と世界をぐるり周遊してもらう。

料理とお酒が進むうちに、食卓を囲む人々もどこかリラックスした表情になり、2年ぶりぐらいにそんな情景を目にした気がした。かつてはこれが当たり前だったのに、いつの間にやらちょっとだけ特別なものになっていたのだ。僕はそれを見て、素直に嬉しくなった。嬉しくなったのだけれど、何かがそれまでとは少しだけ、おかしい気がした。

その違和感は営業時間中、ずっと拭えないでいた。お客さんはリラックスしてこの時間を楽しんでいる。僕らも久しぶりだったにも関わらずひとつひとつのサービスをスムーズにそつなくこなしている。かつてと何も変わらない、戻ってきた光景だ。だけれども、自分の心の底に澱のようなものが溜まって取れないでいて、それが一体なんなのか、営業中いつまでもつかめずにいた。かいてもかいても取れないかゆみのように、体の奥の神経が実体なく疼いているようだった。

そうこうしているうちに料理は最後のデザートを終えて、各々会計を済まし、お客さんたちはマスクをかけ、帰宅の準備を始める段になっていた。充実した表情を浮かべて立ち去る一人一人に向かい、瑶子さんと僕は丁寧に挨拶をして見送る。

最後のひと組の夫婦が席を立ったので、「ありがとうございました」とうやうやしく礼を言い、重たいドアを支えながらお客さんと一緒に外に出ると、鋭い光が顔を射してきて思わず目を細めた。

「あれ、中は真っ暗なのに外はすごく明るいや。変なの」

男性が笑い、僕も「そうですね」と相槌を打ち、本当にそうだよなと思いながら横を向くと、瑶子さんの姿はどこにも見当たらなかった。あれ、さっきまで一緒に見送っていたはずなんだけどと思って、周囲を見渡してもやはりどこにもいない。え、と思ってドアを少し開けて店内を覗いたけれどやはり瑶子さんはいなかった。「あれ、あれ」と再び外に向くと、そこにいたはずのお客さんの姿もいつの間にかいなくなっていて、富士見通りの向こうを覗いてみても、誰の姿も見えなかった。

その時、ふと何かの強い視線を感じ反射的に後ろを振り向いた。

その先には、真っ白に冠雪した富士山が不自然なくらいに綺麗ではっきりとしたシルエットで、いつもよりもずっと巨大に悠然とした姿で構え、こちらをじっと静かに見下ろしており、それに気づいて僕は、なんだか無性にまたフワッフワの飴坊カステラが食べたくなったのだった。

◎「飴坊カステラ」（2人分）

【材料】

牛乳・・・65㎖

バター・・・60g

薄力粉・・・65g

卵（Lサイズ）・・・5個

醤油・・・小さじ1と½

砂糖・・・65g

①牛乳とバターを鍋に入れ弱火にかけ、バターが溶けたら火を止める。

②卵黄と卵白を分け、卵白は使う時まで冷蔵庫に入れておく。

③ボウルに薄力粉をふるい、少し温かい状態の①を流し入れて、ホイッパーでダマが残らないようしっかりとかき混ぜる。

④③に卵黄を一つずつ入れながらホイッパーでかき混ぜ、全部混ぜ合わせたら醤油を加えて、再びかき混ぜる。

⑤別のボウルに卵白を入れて、卵白のコシを切り、砂糖を3回に分けて加えながら、しっかりツノが立つまでホイップする。

⑥④に⑤を少しずつ入れていき、今度はゴムベラなどを使ってさっくりと混ぜ合わせる。この時、卵黄と卵白のバランスを見ながら、気泡を潰さないように優しく混ぜるのがポイント。

⑦クッキングシートを内側に敷いた型（約19㎝四方）に流し入れ、キッチンの天板に軽く落として空気を抜いてあげ、竹くしで表面をくるくる回して生地を平らにしたら、160℃のオーブンで65分間、湯煎焼きにする。

土の色

土地に根を下ろすというけれど、そもそもここには根が張るための土がないのだ、と、はたと気がついた。

足元を支えているのは舗装されたアスファルトばかりなわけで、何時間、街中を歩き回っても、真っ白なスニーカーは真っ白なままなのだ。

春と夏と秋と冬とで空気の匂いが変わらないうえ、朝と昼と夜とで空気の匂いが変わらず、晴れの日と曇りの日と雨の日とで空気の匂いが変わらないのだ。よく晴れた秋の午後に、積み重なった落ち葉からは焦げ臭くて甘い匂いは流れてこないし、雨上がりの初冬の朝に、地面からムッとする黴《かび》くさい臭気は立ち上らないのだ。

風が強い日に気にすることは、風が強いということだけだ。雨の日に考えることは、概ね、晴れない一日の憂鬱を思うだけだ。それらはきっと、ここに土がないからだ。土がなければ、心は大地に根を張れないじゃないか、と気がついた。

「それって、少しおかしなことだと思うんだよね」

　僕は瑶子さんにそう言った。

「土を知らない、って少し変じゃないかと思うんだよね。それも、歳を重ねるにつれて僕は土のことをどんどん知らなくなってるよ、多分。恥ずかしいことに、小学生よりも土のことを知らないと思うよ」

　瑶子さんは、ぐりとぐらが描いてあるカップに注がれたハトムギ茶を飲みながら、僕の話を何とはなしに聞いていた。どうやら瑶子さんは最近、ハトムギ茶を妙に好んで飲んでいるようである。

「知らないというかさ、どんどん忘れていってるよ。昔は知ってたのにさ、少しはね。子供のときの方が、まだ土について詳しかったよ。触感とか、温度とか、匂いとか、口に入れたらこんな味がするとか、そこに住んでいる虫とか、そこから生えている草や花のこととかさ。それをさ、全然踏まないものだから知らず知らずのうちに忘れていって、知っていたことすら忘れていって――」

　ぐりとぐらのカップは先日立川で買ったもので、二人の間では連日取り合いになるほど人気が高いのだけれど、今朝は先を越されて瑶子さんに使われてしまっていた。そのカップを傾けながら、彼女は僕の話に関心があるのかないのか分からない中立的な無表情を浮かべて耳だけ傾けている。

「でも、そうなるのは仕方ないとも思うんだよね。東京に暮らしていたらさ、土がないんだもの。国立なんて東京の田舎だと思うんだけれど、それでも土が全然ないんだもの。もし僕らが東京で新しい土地を買ってもさ、家を建てたらそこにはもうほとんど土は残らないんだよ。土地って土の地って書くのに、土がないんだよねぇどこにも。あっても猫の額ぐらいの小さな庭で。陽も当たらない、風もろくに通らない、家族の誰からも大して見向きもされない庭だよ。そんな庭があったって、それはもう土とは言えないよねぇ。暮らしと何も繋がっていない土なんて、土じゃない土だよねぇ。ねぇ、それって全く変じゃない？」

ハトムギ茶を飲み終わったのか、瑶子さんはぐりとぐらの絵を親指で撫でながら、僕の話を聞いて少し考えているのか視線を宙に彷徨わせた。

「きっと本当は、ミミズのように生きた方がいいのにねぇ。自分のこの体だって自然の一部分のはずなのに、土と繋がっているはずなのに、ミミズのようじゃないからそのことすらきっと分からなくなってしまうんだろうねぇ。そういえばミミズのことも、最近めっきり見なくなってしまったよねぇ」

そう言って僕は、土の中をうねうね突き進むミミズの姿を思った。

テーブルに置かれたカップには、草木や松ぼっくりや落ち葉に囲まれながら、ドングリや栗を籠いっぱいに拾い集める双子の野ねずみが愛らしく描かれていて、そのカップを手に取って今度は僕がハトムギ茶を注ぐ。

やっぱり、ぐりとぐらで飲むと格別だよね、そう思った。

土を踏まないここでの暮らしにぼんやりとした違和感を覚え始めたのは、もしかするとウシュグリ村で過ごしたあの暗くて心細い夜からかもしれないし、そうじゃないかもしれない。

*

ウシュグリは、昔はグルジアと呼ばれていたけれど今はジョージアと呼ばれているヨーロッパの小国の、西の僻地にある山間の小さな村で、そこには隣接したメスティアという町から乗り合いの4WDにぎゅうぎゅう詰めになりながら、とんでもない悪路に1時間半ばかり縦横に体を激しく揺さぶられないと行くことができない。瑶子さんと僕は首都トビリシから三日間ほどかけて、途中いくつかの街に立ち寄りながらようやく着いたのだった。

青々とした緑に覆われた山と山との間に、石造の小高い塔を備えた簡素な家々が立ち並び、ぬかるんだ土の上を牛と豚と馬と犬と人間がそれぞれ同じぐらいの数ずつ歩いていて、傍らには山から流れる澄み切った清流を抱え、牛も豚も馬も犬も人間もその川の水を等しく飲んで暮らしている。そんな場所だから、瑶子さんも僕も着いたらまず、その冷たい水を手ですくって飲むことから始めたのだ。

川べりから遠くを望めば、真っ白な雪を被ったコーカサス山脈の鋭い峰が聳《そび》える。標高は2000メートルを超えており、灼熱に感じられたトビリシの炎天下と比べるとずいぶん肌寒く、

僕はリュックサックからウインドブレーカーを取り出してシャツの上に羽織った。

インターネットの情報によれば、どうやらウシュグリ村はヨーロッパ最後の秘境なんて呼ばれているらしく、僕らもその原初的な風景に心惹かれて訪れたのだけれど、巷で既に秘境と認知されているところが本当に秘境であったためしなどなくて、ここも例に漏れず毎日デリカやランドクルーザーによって世界中から人間が運ばれてくるわけであり、全くもって開かれた秘境なのだった。

しかし観光目的で訪れる多くの人は日帰りで戻ってしまうようで、その日も大体の人々は、陽が暮れる前に同じ車に乗り込んで立ち去っていった。僕らはどこへ行くにも、暗い夜と、それを越えた明るい朝を体験しないことにはその土地が見えてこないと思っているから、その日もここで一晩過ごすことに決めていて、村を何周か歩いて一通りの動物と戯れ、小さな食堂で軽い昼食をとってから、今晩の寝床を提供してくれる家を探すことにした。

半日散策してつくづく感じたけれど、ウシュグリの民家は実に愛らしかった。

スレート状の石を積み上げて壁を形成した建物は一様に茶褐色をしていて、その頭にはちょこんと、くしゃくしゃの登山帽子のような、はたまたどんぐりのヘタのような薄い屋根を被っている。窓は少なく小さくて外界からはひっそりと閉じていて、堅牢だけれども山野草のように楚々としている。なんだかその土地からむくむくと隆起して自生してきたようにも見え、周りの植生と一体となりながら静かに佇む。自然と建築とが一緒になった在りようを見ると、これが本来あるべき家のかたちだよね、と素直に感じたのだった。

僕らが泊まることになったのは、ぬかるんでジメジメとした場所に建つ、牛糞の匂いが家の中まで立ち込める、人一倍ひなびた造りの家だった。はっきり言って、もっといい家はいくらでもあったけれど、なんだかその家に惹かれたわけである。

きっと僕らとそう年齢は変わらないであろう夫婦（といっても、日本人の感覚からするとずいぶん年上に見えるけれど）が子供3人と暮らしており、その子供たちが壁にクレヨンで色とりどりの落書きを施している小さな部屋を提供してくれた。中央にベッドが二つあってそれはとても暖かそうで清潔だったけれど、やはり部屋の中にも牛糞の匂いがしっかりと染み付いてしまっていた。気になりはしたが、まぁそのうち慣れるだろうと目を瞑ることにした。

周囲の家と同じように、この家にも「復讐の塔」と呼ばれる小高い見張り台が併設されていて、そこは元々、外敵の侵入に備える要塞としての機能を果たしていたらしく、血なまぐさい争いが絶えなかった土地の歴史を一夜限りの訪問者へ静かに物語ってくる。この塔だけでなく家全体を見渡しても最小限の開口で陽がほとんど入らず、まだ外は明るいにも関わらず、内部はとても暗い。日中でも電気をつけなければ、足元が見えないほどだ。

その貴重な電気が途絶えたのは、夕食の準備を整えている最中のことだった。ブチッという音とともに家は暗闇に包まれた。突然に――――。

そんな緊急事態にも関わらず、家の住人たちは、またいつものことねと平然と構え、うろたえる様子はなく、おもむろにヘッドライトを装着して手元を照らしながら夕食の準備を再開する。調理は全て竈《かまど》で行なっているようで、大きな問題はないようだ。母親とそれを手伝う長女の姿を横で見て、なんてたくましいのだろうと感心するとともに、そのたくましさをきっと備えていないだろう自分の非力さについて少し考えてしまった。

その晩は、火を灯した蠟燭をテーブルに置いて最小限の灯りの中、僕らは静かに夜の食卓を囲んだのだった。

揺れて明滅する灯りが、温かなスープの表面を幻想的に照らす。暗くてよく見えないし、仮に明るくてもよくわからないであろう料理がいくつも並んで、探り探り口に運んでは舌でそれぞれの存在を確かめていく。正面に座っている瑶子さんがどんな表情をして食べているのかも、よくわからない。自分の舌だけが頼りになる。

味はともかくとして、その状況になんだか僕は、それだけで十分に満たされた気持ちになったのだった。火でつくられた見知らぬ料理を火の小さな灯りを頼りにして、少しだけ心細ささえ抱えながら揺れる時間とともに静かに味わう。いつもの食事の味覚的な体験では得られない、そこからこぼれ落ちてしまう豊かさのようなものがある気がしたのだ。

僕らは全てを綺麗に平らげ、母娘に礼を言い、最後におやすみとそれぞれ言い合った。

果たして本当に困ったのは、夕食後のことだった。

トイレが、流れなくなったのである。

停電で水を循環するポンプが止まったせいか、水は溢れて肥溜め状態となり、真っ暗で詳しい状況はよくわからないけれど凄惨な状態になっているのは間違いなかった。こんな状況下、気にせずその上から用を足せるたくましさはもちろん僕にはなく、現代人にとって排泄を行えない恐怖に勝るものはないんじゃないかとさえ思った。

仕方なく僕は、バッテリーが切れそうになるアイフォンの電灯で足元を照らしながら外へ向かわなくてはならなくなった。床が軋む音にいちいちビクビクしながら、差し迫る便意をてなずけつつ手探りで玄関を探すのはなかなかの苦行である。

なんとか必死の体で外に這い出ると、外の方が中よりもずいぶん明るくて拍子抜けした。煌々とした月明かりの下、動物たちの鳴き声が空に響き、遠からぬその存在を意識しながら、僕は安堵の表情をいっぱいにして己を存分に解放した。ぴゅうっと冷たい夜風がお尻を撫でていくたびに、「ひゃっ」と小さな悲鳴を情けなくあげながら——。


翌朝目が覚めると、母親と長女は既に朝食の準備を始めていた。

僕はおはようと二人に挨拶してから外に出て、澄み切った空気を思い切り吸い込んで、遠くに見える山々を眺めながら、ずいぶん遠いところへ来てしまったなとしみじみ思った。

容貌魁偉な父親は無言のまま、外で次女と三女と一緒に牛たちの世話をしていた。

足元を見ると、ぬかるんだ土に今朝落としたての牛糞が混じり合い、朝から周囲に芳しい臭いを放っている。そこにはきっと、昨夜の僕の落とし物も混ざっているに違いなかった。それを思って、そういえば自分の排泄物も牛の糞も、土と同じ色をしていたんだっけかと至極当たり前なことに改めて気がつき、そんな僕の顔を見て、次女も三女も「臭いよね」というふうに顔をくしゃっと歪めて一緒に小さく笑ったのだった。

◎「蠟燭の灯りで誰かと過ごす夕食」

【材料】

その時にあなたが誰かと食べたいと思う料理、に必要なものすべて
蠟燭

①その時にあなたが誰かと食べたいと思う料理、をその過程を楽しむようにして仕込む。
②各々適宜、好きなお酒や飲み物を用意する。
③電気を消し、テレビを消し、音楽を消し、蠟燭に火を灯す。
④揺れる蠟燭の小さな灯りを囲みながら、いつもとは少しだけ違う食事の時間を、会話とともにゆっくりと楽しむ。

黒い鍋

おじゃましますと靴を脱いで縁側から敷居を跨ぐと、ふかふかな畳に足裏がぎゅっと沈み込んだ。

その瞬間、こちら側の正常な世界から少しだけ時空が歪んだあちら側の世界へ足を踏み入れてしまったような気がして、漠然と不安な気持ちが胸にこみ上げてきた。体の重みをしっかりと受け止めてくれない畳は、なんだか心まで宙吊りにさせる。僕の背後の庭には大きな樹にくくりつけられた赤い布が、月明かりに妖しく照らされながら、先ほどまでの熱の余韻と、冷たい冬の夜風とに吹かれてぶーらぶら静かに揺れていた。

この民家の家主は輪っかに結ばれたその赤い布にぶーらぶらと首をくくった直後とは思えないほど生気に満ちた朗らかな表情で、「どうぞくつろいでください」と言い、僕らに炬燵に入って温まるよう勧めてくれた。数分前の庭先での鬼気迫る姿と、目の前の柔和な表情との落差に驚きつつ、若干の戸惑いを覚えながらもきょろきょろと周りの出方を伺ったあとに、僕は三、四番目ぐらいに炬燵へ足を滑り込ませた。外と同じぐらい凍える室内の中では唯一、炬燵の中だけがほんのりと暖かかった。

ここは東京の国立市にある、首くくり栲象《たくぞう》さんの自宅であり、その庭では毎週〝行為〟と称して、首くくり栲象さんがその名の通り首をくくる。決して広いとはいえない民家の庭先を、とてもゆっくりとした足取りで何かを確かめるように歩を引きずり周回し、最後に木にぶら下げた赤い布に首をかけ、ぶーらぶらと数分の間、静かに首をくくる。

その行為は1000円払えば誰でも目撃することができて「庭劇場」と呼ばれていた（劇場だから庭にはきちんとパイプ椅子が並べられている）。そして1000円払って〝行為〟を目撃した僕らは、行為後の宴（？）に今招かれているというわけだ。

今夜の宴には、僕を含めて7人ほどが参加していた。観覧席には他に3人ぐらいいたような気がするけれど、〝行為〟が終わって宴に誘われるやいなや、いつの間にか姿をくらませていた。

初めてお会いする方の家で炬燵に入って温まるというのは、なんだか妙な心持ちがするものだ。火にあたるわけじゃないけれど、みんなで一つ所を囲みながら背中を丸めて同じ暖をとる。それも、なんせ先ほどまでぶーらぶらと首をくくっていた方のお宅である。自分だけならまだしも全然知らない人たちと無言で正対するわけであるから、なかなかどうして妙なシチュエーションだよなぁと思ってしまう。

膝を抱えるように炬燵で温まっていると、少しは心が落ち着いてきたのか室内の様子を眺める余裕が生まれてきた。部屋には雑然と本が積まれていて壁にはいくつかの演劇のチラシが貼られてあり、長押には栲象さんのものと思しき生成色のトレンチコートがかけられていた。建物自体は建てられてから少なくとも半世紀は経っているだろう。柱や梁や野地板に、積み重なって黒光る時間の層を感じる。部屋はお世辞にも綺麗とは言いがたく雑然としているけれど、なんというか全体として正しく調和していて、この空間が栲象さんの〝行為〟と地続きである一つの舞台装置のようにも見えてくる。栲象さんの体臭というか気配が充満していて、温厚な人柄を感じさせるとともに、ストイックな生活から生まれる緊張感がそこかしこに張り詰めていた。舞台はまだ全然終わってなんかはいなかった。

その異様な空間の中で、ニャァァ、ニャァァ――と時折、か細い猫の声が遠くから響く。気のせいかと最初は聞き流すけれど、再び、ニャァァ、ニャァァ――と声がする。いややや確かにはっきりと聞こえてくる。室内だろうか、それとも庭先だろうか。部屋を見渡すと額に収められた野良猫の写真が棚の上に一葉かわいらしく飾られてあり、まさかこの猫ではないよね、と首をひねる。

冷たい夜風に長時間晒されていたせいで、すっかり手はかじかんでしまい、僕は両手をハァハァ息吐き温めながらその声のありかを必死に追っていた。

そうこうしているうちに、「どうぞこれ食べてください」と栲象さんが向こうの台所から両手に鍋を抱えて現れた。

ゆらゆら湯気が立ち上る鍋を見て僕は、「わわわ」とその迫力に思わず仰け反った。

見たことないような深い漆黒に変色したアルマイトの鍋に、いぶし銀のごとく鈍い光沢を纏った煮物たちが鎮座していて、それはまるで子供のときに見ていた『世界ウルルン滞在記』に登場する異世界の食べ物そのものだった。

すごいすごいとその佇まいに圧倒されていると、隣に座っていた男性が「いただきます」と一寸の躊躇もなく箸を伸ばす。わ、と驚く僕の顔を尻目に、立派な顎髭を動かしながら男性は、「美味しいです」とむしゃむしゃ一人舌鼓を打ち始めたのだ。

「えっ、ええっ、えっ」

僕は再び仰け反った。

きっとこの異界の炬燵には強者どもしかいないのだ。それに気づかず、暖かさを人質に安易に身を委ねてしまったなんて。無事に元の世界へ帰れるだろうかと、自分の頼りなさを案じて心細さが募った。

僕は改めて漆黒の鍋をまじまじと覗き込んだ。かつてこんにゃくや大根や人参だったものたちが、鍋の中でおそらく長い間眠ったのち、通常の料理手法では到達できない何かに変貌して特別なオーラを纏い、それを静かに放射している。食べてくださいと勧めていただいた親切心はありがたく受け取りつつも、しかしこれは迂闊に素人が手を出したらこちらが呑み込まれてしまうぞ、と瞬時に悟った。

深い漆黒の鍋は、ある種の神々しささえ感じさせる凄みで、踏み絵のごとき選択を僕に迫ってきた。君はこちら側の世界の住人か、と煮物たちが問いかけてくる――。

生と死を往還するパフォーマンスを見た後に、そのあわいの領域の食べ物が出てくるとはついぞ思わなかった。やっぱり本番はまだ全然終わっていないじゃないか、完全に油断していた。しかし一度敷居を跨いでしまった以上、それはもう家の掟に従わなければならないだろうし、そこで出されたものは静かに口にするのが礼儀であろうし、そうしてその場を体ごと受け入れなくてはいけないのだろう。食をもてなされるとは元来そういうことなのだ。そんな考えが頭に去来しては、いやいやそれにしてもこればかりは、と体は固まり尻込んでしまう。うぬぬ、とよくわからない呻きが漏れ出て、次第に僕は見知らぬ土地の見知らぬ通過儀礼の場に突如紛れ込んでしまった異邦人のような気分になっていた。

そんな具合に固唾を呑んでじっと鍋に対峙していると、向かいに座る気品ある女性が「栲象さんこれお土産」と一升瓶を炬燵の上にどんと置いた。その女性はどうやら栲象さんとは旧知の仲らしく、勝手が分かっているようで実にあっけらかんと頼もしかった。続いて紙袋からタッパーに入った惣菜を二品ほど出し、ちょっとお皿貸してね、と奥の台所へと立ち上がり、それらを慣れた手つきで大皿へよそって炬燵の上に差し出したのだ。

助かった、と僕は思った。いつもの世界の食べ物を見て、僕は心底安堵した。

こちら側とあちら側。二つの世界が炬燵で並び、その上には歪んだ時間が静かに流れている。それでも箸はなかなか伸ばせなかったけれど、勝手知ったる食べ物があるという安心感によって、千々に乱れた気持ちは次第に穏やかさを取り戻していった。

「さささ」と向かいの女性がプラスチックカップに日本酒を注いでくれる。

頭を軽く下げて礼を言い、僕はそれをくいっと一気に呷った。

カァと体の内側が熱くなり、少しばかり食欲が湧いてきた気がする。

よしっ。意を決してようやく僕は重たい箸を手に取って、炬燵の上にぐいっと伸ばした。しかし一体何を思ったのだろうか。その方角は女性が持参してくれた見るからに美味しそうな筑前煮ではなく、魔力を放つ漆黒の鍋へと向かっていったのだった。そう、黒くて深いその穴に吸い込まれるようにして――。

＊

帰り道、僕は一食を共にした人たちと並ぶともなく微妙な距離感で、空に浮かぶ月を眺めながら、人通りの少ない大学通りの直線を駅方向へとぼとぼと歩いた。乗ってきた自転車にまたがり一人颯爽と帰ってもよかったのだけれど、この日はなんだか同じ通過儀礼を体験したこの人たちと出来うる限り一緒に帰った方がいいように思えたのだ。

駅への道はひたすらまっすぐに延び、その並びには整った街路樹が整然と一定のリズムを刻みながら植えられている。ここ国立は、見事に碁盤の目のように区画整理された街並みだから、路地というものが存在しない。路地がないから影がなくて、のっぺりと平べったい表情をしている。影がないから、夜に潜む野良猫は一匹たりとも見当たらない。どこからも、猫の鳴き声なんて聞こえてこないのだ。

そんな平板なベッドタウンの外れで、先ほどの梼象さんの住む民家だけが、ぽっかりと空いたブラックホールのように異世界への口を開けて闇夜に浮かんでいた。あそこだけが凸凹と、市街の整然としたコードを静かに乱していた。

あの黒い鍋はもしかしたらそのブラックホールの中心だったのかもしれないね、そんなことを一人思いながら、長くて広い大学通りを無言のままみんなと歩いたのだった。

*

家に着くと、「どうだったどうだった?」と帰りを待ちわびていた様子で瑶子さんが矢継ぎ早に質問を浴びせてくる。

疲れた表情で「すごかったよ……」とだけ答え、ねぇ何か食べるものあるかな、と訊くと、「ええっ、何か食べてこなかったの? 何にも用意してないけれど」ときょとんとする。

「いや、食べてきたのだけれど、ね……」と答え、冷蔵庫を開けると一週間前から漬けてある水キムチの瓶が目に入りそれを手に取った。それから昨晩の飲みかけのリースリングを出してグラスになみなみと注いだ。ついでに瑶子さんの分も一緒に注いであげた。

水キムチを瓶から皿によそうと、発酵した酸っぱい匂いが立ち上り鼻をつく。大根と人参、胡瓜、パプリカ、檸檬、それから蜜柑を一緒に漬けた水キムチ。近くて遠い、異国の食べ物。一週間前に比べて発酵はだいぶ進んでいて、おかげで味わいは全く変わっていた。時間が新しい味を瓶の中で勝手につくってくれていた。柑橘の酸味と発酵の酸味は合わさり溶け込んで、味わいを深くしていた。蜜柑の控えめな香りと甘味が程よくて、箸がすすむ。

「ねぇそれでどうだったのどうだったの？」と改めてキラキラとした眼差しで訊いてくるので、

「うん、なんだかすごかったよ」とだけまた僕は答え、素っ気ないその返答に全然満足していない瑶子さんを尻目に、目の前の漬物を無心でバリバリと口に運んでは、勢いに任せて白ワインをグイグイ呷るように傾けた。それでもなお、あの黒い鍋の奥深くへ、僕の心はいつまでも囚われたままだった。


ニャアア、ニャアア――――。

遠くから、か細い猫の鳴き声が聞こえた気がしたけれど、幻聴に違いなかった。

◎「蜜柑の水キムチ」

【材料】

蜜柑・・・1個

大根・・・⅕本（400g）
胡瓜・・・・1本
人参・・・⅓本（120g）
パプリカ・・・½個
塩（ゲランドの塩）・・・少々

A
- 水・・・500mℓ
- 粉唐辛子・・・大さじ⅔程度
- 塩・・・大さじ2
- 砂糖・・・小さじ½

ニンニク（薄切り）・・・½かけ
生姜（千切り）・・・½かけ
レモン（輪切り）・・・4枚

①大根は厚さ5㎜幅2㎝の短冊切り、胡瓜は長さを4等分に切って縦半分に切り、人参は細い千切り、パプリカはくし切り、蜜柑は輪切りにする。
②蜜柑以外の野菜をボウルに入れ、塩少々を振りかけ、よくもんでおく。
③ポリ袋にAを入れ、塩や砂糖をしっかり溶かしてキムチ液をつくる。
④③の中に②を液体ごと入れて、ニンニク、生姜、レモンを加えてよく混ぜ、最後に蜜柑を加え、常温で寝かせてから（※）、後は冷蔵庫で保存する。

※冬は2日ほど、夏は半日～1日ほど

フライ

料理って栄養だけじゃないんだよ、と瑶子さんが大きめの声で独りブツブツ言いながら一心に唐揚げを揚げている。それを聞いて、そうだね栄養だけじゃないよね、と僕は思った。

料理って美味しいが正解だけれど美味しいだけじゃ足りないんだよ、と続けながら、綺麗な衣が形成される適切なタイミングを見定めつつ唐揚げを油鍋から救出している。そうだね美味しいだけじゃ足りないよね、と僕は思いながら、先ほど冷蔵庫から冷凍庫に入れ替えてキンキンに冷やしておいた『麦とホップ』と霜が張った二つのグラスを取り出して宴の準備に取り掛かる。宴といっても今は昼の13時、朝の天気予報によると少し黄砂が舞っているようだけれど、空は雲がほとんど見当たらない青一色の快晴だ。

そうだ、昨晩漬けておいた胡瓜もきっといい頃合いに違いない、そう思ってぬか床に手を突っ込み胡瓜に触れた途端、「痛っ」と先端の皮がめくれた中指に軽い痛みが走った。

カラッときつね色の衣を纏った唐揚げを大皿に盛大に積み上げ、くし切りにした檸檬とトマトを端に添える。ナンプラーと生姜と唐辛子とネギとパクチーでつくった特製醤も仕込んでおいたので、それも小さな器に盛る。箸休め用に胡瓜のぬか漬けを切って違う小皿に盛る。

先に屋上へ行ってるから取り皿と箸だけ持ってきてねと告げ、お盆に唐揚げとぬか漬けと発泡酒とグラスを載せて、軽快な足取りで階段を上った。


揚げ物は滅多に作らないけれど、何だか今日は太陽の下で唐揚げとビール（と言っても発泡酒だけれど）でも一杯やりたい気分になったのだ。ちょうど冷蔵庫には、先日スーパーの特売でストックしておいた鶏もも肉があった。消費期限は今日までだったから早く使わなきゃと思っていたので、ちょうどいい。気分と冷蔵庫の食材とが合致すると、それだけで一日がうまくいっている気がする。

先週は新しいメニュー開発が二つ重なって、定休日でもとても慌ただしく過ごした。今回は割と難産だった新メニューは今までにない試みを忍ばせたので反応が楽しみでもあり不安でもあったのだけれど、幸い好評だったように思えて二人で安堵したのだった。そうして週末の営業を無事乗り越えた翌日の今日ぐらいは、完全なる休息日として思いきり怠惰に過ごしたい気分なのだ。


「中より全然暖かいね」

そう言いながら瑶子さんも屋上に上がってきた。光に目を細める。

グラスにとくとくと『麦とホップ』を注ぎ、さぁさ、いただきましょうか。

揚げたての唐揚げをつかみ、はふはふと息吐きながら頬張ると、皮肌に染み付いたニンニクの香りと、鶏肉の脂が口の中にじゅわぁと広がって鼻に抜ける。それを、キンキンに冷えた発泡酒で喉を鳴らしながら流し込む。

はふはふ、じゅわぁ、コクッコク。

はい、もう一度。

はふはふと息吐きながら揚げたての唐揚げを頬張り、キンキンに冷えた発泡酒で喉を鳴らしながら流し込む。

はふはふ、じゅわぁ、コクッコク。

昼から酒。その少しの背徳感が、一層楽しい。

頭上では、直線の帯となった太陽の光が眩しい。その帯状の光の隙間からたなびくうろこ雲が、ゆったりと風に流されていて、上空を泳ぐ透明な巨大魚に見えてくる。大きく広がる青空に西から飛行機が一機、青いシーツを断ち切るハサミのように横断してゆく。

通りを挟んだ向こうの建物では、屋上で洗濯物がそよいでいるのが見える。白くて大きな2枚のシーツは、全身で初夏の風を上手に乗りこなしている。隣でタオルたちも舞っている。

下から、小学校低学年ぐらいの子供とその父親の大きな話し声が聞こえてくる。きっと斜向かいのマンションに住んでいる親子に違いない。反響して言葉はよく聞き取れないけれど、マンションの入り口のポーチで子供が懸命に何かを伝え、父親がそれに応えている。親子で声がやけに大きくて元気だなぁと思う。

一橋《ひとつばし》大学の方角からは、重なった管楽器の音色が流れてくる。誰かが練習しているのだろうか、あまり上手じゃない。少しずれた音に耳を傾けながら、そういえば国立は学園都市だったよなぁと気づく。

足元の植木鉢からは植えた覚えのない黄色い花が何輪も咲いていて、小さな花弁に虫が羽を休めているのが見える。なんていう花だろうと思いながら眺めていると、視界の端の方で赤い斑点模様のてんとう虫が植木鉢の縁を歩いているのを見つける。

唐揚げを食べて発泡酒を飲んで陽だまりの中そんな感じでいると、次第に周りの風景と体が溶け込むような気がしてきて、瑶子さんも自分も一緒くたになってこの屋上が一つの心地よいお風呂みたいに感じられてきた。そしたら突然、全体性、なんて言葉すら浮かんできて、そんな言葉は使ったことも考えたこともなかったのだけれど、でもこれが全体性というやつなのだなぁと知りもしない概念の存在を妙に納得させる説得力が、今のこの空気にはあった。

「たまには唐揚げもいいもんだね」

いつもは食べない唐揚げを休日の昼間に太陽の下、発泡酒で流し込む。日常だけれど、ほんの少しだけ日常から外れているような、いないような、暮らしのささやかな脱臼。それだけなのに、いつもだと気づかない風景の横顔が見え、感じられるから、だから食事って不思議と思う。

料理は栄養だけじゃないし美味しいだけでも足りないよね、と、先ほどの言葉を思い出すでもなく思い出しているうちに、次第にだんだんと瞼が重くなってきた。ここ最近はすっかり日差しが暖かいから、天気の良い日に屋上で食事なんかすると食べ終わる前から眠たくなってきていけない。正面を向くと、瑶子さんの方も頭をもたげてうつらうつらしているではないか。残りをとりあえず平らげてから、そのまま昼寝をきめることにした。今日は休息日、思いきり怠惰に過ごしていい日なのだから。

食器も洗わずシンクに放置したまま、太陽とアルコールとですっかり火照った体をベッドに横たえると、僕らはすぐに深い眠りについたのだった――。

*

目覚めた時には、鋭い西日が部屋に差し込む時間になっていて、しばらく重たい頭を抱えたままベッドの上でぼうっとしていると、不思議なことにまた小腹が減ってきた気がする。食べて飲んで寝ているだけなのに、体って妙だ。

階下のリビングに降りてゆくと、瑶子さんがやっと起きてきたのというような顔でポンと一つ手を叩き、「さあ二回戦」と威勢よく告げた。手元を見ると、大きな皮に何かの餡を包んでいるようである。隣のコンロでは油鍋に火をつけ熱し始めているではないか。

すごい、また揚げ物ですか⁉と寝起きの少々ぅわずった声で訊くと、「ええ、今日は揚げ物の日ですから！」と、さも当然という風に答える。昼に食べた久々の唐揚げが胃に応えていたし、小腹が減ったとはいえ寝起きの体には少々重たすぎるから揚げ物は正直もういらない気分だったけれど、どうやら今日は揚げ物の日らしいので静かに従うことにした。何より、今用意してくれている料理がとても美味しそうに見えてきたのだ。

ままよと、僕は冷蔵庫を開けて缶ビール（今度は発泡酒ではなくサッポロ黒ラベル）を取り出し、グラスになみなみと注いだ。昼寝明けの頭にビールをぐいっと一口勢いよく呷り、「さあ二回戦」と、同じようにポンと一つ手を叩いてこちらも応戦することを決めた。


バチッ、バチバチバチッ。油が激しく音を立てている。

「一体なに揚げてるのよ？」と覗くと、どうやらイカのすり身で作った春巻きらしく、少し水気が多かったので周囲に油が飛び跳ねてしまうようだった。それでもなんとか美味しそうに色よく揚げきり、ああこの後のコンロ掃除が大変そうだなんて思ったけれど、片付けが面倒くさい料理ほど美味しいと相場は決まっているのだ。元来揚げ物に油ハネは付きものである、と辛気臭い思いを退出させる。

長方形の皿に米俵みたく三角形に重ねる形で春巻きを並べていき、冷蔵庫からライムを出して適当な大きさに切って添えた。先ほどの特製醤も小皿に入れて、春巻きの端に並べた。

「さぁさ、行きましょうか」とビールとグラスを一緒に抱えて、僕らは再び屋上への階段を小気味よく上がっていった。

ちょうど立川方面に日が沈む頃合いで、段々のすじ雲がオレンジ色のグラデーションに染まっていて、昼よりだいぶ深く沈んだ藍色の空とそのオレンジ色のコントラストが美しい。富士見通りの先には富士山の輪郭が薄っすらと浮かんでいて、強い西日に目を細めながら僕はアイフォンで空に向かって一枚写真を撮って、「ここは国立だよ」と文言を添えてツイッターにアップした。

ビールをグラスに注ぐと夕日の色がグラスに反射して、ビールの色と空の色とが同じになった。ビールで乾杯し直した僕らは、勢いよく春巻きにかぶりついた。パリッと薄い衣が割れた瞬間、優しい食感のすり身とともに、旨味が凝縮した熱々のスープが津波のように勢いよく流れてくる。口の中が濃厚な魚介の香りで満たされて、息吐きながら急いでビールを流し込む。空になったグラスに再びとくとくと注ぐやいなや、お互い何も言わずに再び春巻きにかぶりついた。そうしてまた、熱熱ッとグラスを瞬時に空にする。

パリッ、じゅわぁ、コクッコク。
パリッ、じゅわぁ、コクッコク。

一口噛むごとに、中から海のスープがとめどなく溢れてくる。――洪水だ。
パクチーの香りが効いた特製醤とも相性抜群じゃないか。

揚げ物なんてもういらないと思っていたけれど、瑶子さんの言う通り、今日はやっぱり揚げ物の日だったのだ。食べることでさらなる食欲が喚起され、春巻きとビールの間を行ったり来たり、僕らはそのループから抜け出せなくなってしまい、春巻きもビールも顔もみんな同じような夕日色に染まりながら、気づいたらビール2缶はすっかり空になっていたのだった。

あれ、もうビールがないよ瑶子さん下から持ってきて！と言うと、なんでよ自分で取りに行きなさいよ！と言い返され、じゃあジャンケン！と相成り、サンマジャンケンをして僕が1勝3敗で負け越し、急いで階下の冷蔵庫に黒ラベルを取りに行くはめになった。

階段を降りるときに体がふわふわよろめいたので、少し飲みすぎかなもうやめた方がいいかなと一瞬思ったけれど、何を言ってるの今日は休息日、思いきりぐだぐだに怠惰に過ごしていい日なのだから、そうしなきゃいけないのだから、ともう一人の自分が弱気な姿勢をたしなめてきた。それに揚げ物の日でもあるのだしビールがないと興が醒めるでしょ、と更にたしなめられながら僕は冷蔵庫を開け、奥に冷やしておいたサッポロ黒ラベルを右手で取った。そして一瞬悩んだのち、左手で更に奥のもう一本を取ったのだった。

今日は限界まで揚げ物とビール！

よくわからない決意さえ芽生えて気持ちを強固にした僕は、キンキンに冷えたビールを両手に抱えて屋上へと、おぼつかない足取りで階段を駆け上がっていった。そしてその勢いのまま、暮れゆく上空まで飛んでいきたいと思うほどには、体も心も酔いが気持ちよく満たしてくれていた。

◎「イカのすり身の春巻き」（8本分）

【材料】

イカ・・・170g
豚肉・・・60g
卵白・・・卵1個分
片栗粉・・・小さじ1

A
塩（ゲランドの塩）・・・1g
砂糖・・・2g
ごま油・・・少々
酒・・・小さじ1
水・・・25mℓ

春巻きの皮（大判）・・・8枚
パクチー・・・適量

醤油・・・適量
スイートチリソース・・・適量
レモン汁・・・適量

①Ａの材料を全てフードプロセッサーに入れて、粘りが出るまでよくかき混ぜる。
②春巻きの皮で①を巻く。
③１８０℃の油で４分ほど揚げる。揚げすぎると中身が飛び出るので注意。
④器に盛りパクチーを添えて、醤油やスイートチリソース、レモン汁などをつけて食べる。

石のサウダーデ

石の魅力について、１０００個挙げよう。

ひとつ、ずっしり重みを感じること。
ふたつ、ひんやり冷たいけれど、握っていると温かくなること（体温がある）。
みっつ、水を感じること。
よっつ、水に濡らすと艶っぽさが増すこと。
いつつ、火を感じること。
むっつ、片手で握れること。
ななつ、ポケットに入れられること。
やっつ、原初的な道具なこと。
ここのつ、途方もない時間が包まれていること。
とう、生と死が同居していること。

石を撫でたり、眺めたりしていると、いつも静かに考えてしまう。

足元を見ればいくらでも落ちているくせに、そのひとつひとつに銀河系がある、底知れぬ奥ゆかしさ。一見役に立たなそうで実は色々なことに役立つし、けれどそういった有用性とは関係ないような涼しい顔して佇む、あの食えない感じ。そのくせ石ころなんて呼ばれていて、素直にただただ愛らしいのだからかなわない。

どれだけ見ても、触れても、知り尽くせない石を手のひらで転がしていると、世界には石があるのだからこれ以上何かつくる必要があるの、とすら思ってしまう。つくる人間のちっぽけな野心を溶かす魔力まで秘めていて、そのうえ油断すると折りたたまれた心の襞すら撫でてくる。

そんなわけで、僕らはどこでもいつだって石を求めていたのである。

*

「ねぇ見てよ！　ねぇねぇ！」

冷たい霧雨が降りしきる中、瑶子さんは深緑色のレインコートのフードを目深にかぶり、一心不乱に地面をのぞいている。強くて乱暴な風がびゅうびゅう沖から流れてくるから、フードをかぶっていても顔には雨がかかって仕方ない。だけどそんなことにはお構いなしで、既に両手にはいっぱいの石を抱えながら、さらなる獲物を探すその鋭い眼光は真剣そのものだ。

マーブル模様や縞模様、つやつやの真ん丸や傷だらけのデコボコ、線画が刻まれたアブストラクトにポロックばりのドリッピング、薄桃色やターコイズブルー、乳白色に燻し銀、ゴマ粒模様に波紋の連なり――。

足元ではわさわささと億万の塊が無言でざわめいていて、紋様も形状も色も多種多様な石がひしめくその海岸は、汲めども汲めども尽きぬ、まさに石の天国だった。

「これすごいよ!」

「あ! ねぇ超かわいい!」

「あはは! これも見てよ! ほら!」

瑶子さんはいちいち感嘆した声を上げながら、一つ一つ石を拾い上げてはああでもないこうでもないと、必死の形相で品定めに余念がない。足元の一角には、拾い集めた精鋭によって既に小高い山が築かれていた。興奮した甲高い歓声に、こちらとしてはもう少し静かに探せないのかなぁなんて思うわけだけれども、もうそんなに集めたの、とその初動の速さには舌を巻く。

僕も負けじと足元を掻き出すと、視界に流れる無数の石の中に、時折、ハッと互いに目の合うものがいる。目の合った子を拾い上げていろんな角度からまじまじと眺めると、どことなく惑星のような感じがしたり、山のようだったり、雲のようだったり、獅子とかクジラとかカニとか生き物のように見えたりする。あるいは、足ツボマッサージによさそうだなぁとか、箸置きに使えそうだなぁとか思ったりする。これは綺麗だけれど綺麗なだけでさして面白みがないとか、いびつで不細工だけれどよく見ると光る粒が中に隠れているとか、どことなく人間味が感じられて愛嬌があるとか、よく通る国道沿いの芝犬に色と形が似ているとか、近所に住むおじさんのしかめっ面みたいとか、そんなことまで感じたりする。ここまで多様な感想やら感情やらを呼び起こさせる石は、やはりすごい存在だと都度思うわけであり、それこそ石に惹かれる所以だ。

一旦探し始めると、波が次から次へと新しい石を足元に届けてくれるし、掘れば掘るだけ永遠に最高な石が更新されてゆくから、一向に終了の合図は聞こえてこない。こうしていつだって石の沼に足を踏み入れたら最後、時間か体力が尽きるまで全身がズッポリとはまったまま、そこから抜け出せなくなるのだ。

案の定、いつしか互いに言葉を交わすことも忘れちゃって――瑶子さんもいつしか無言になって――、その日も小雨が降りしきるなか二人して背中を直角に折り、肌寒い風が吹きすさむ3月の日本海で人知れず石を探し続けた――。

＊

僕らがこの天国に行き着いたのは全くの偶然で、今晩投宿する予定の黒部《くろべ》に向かう途中、昼食をとった食堂で教えてもらったのだった。国道8号は日本海沿いにあって、ここは通称「たら汁街道」と呼ばれている。その名の通り鱈汁を提供する食堂が軒を連ねているわけだけれど、目星をつけていた店がたまたまひと月に二日しかない休業日でアテが外れてしまい、その並びにある他店の暖簾をくぐったのだった。

「いらっしゃい！」

白い三角巾を頭に巻いたおばちゃんが、威勢のいい声で迎えてくれる。

店内の様子を窺いながら、僕らはいちばん奥にある畳座敷に腰を下ろした。早朝からの長時間運転が足に応えていたので、靴を脱いだ格好でゆっくりとくつろぎたかったのだ。足を伸ばして足首を回したり、ふくらはぎを揉んだりしながらキョロキョロと周囲に視線を泳がせると、先客は長距離トラックのおじさん一人だけで、生姜焼き定食を頬張りながら、視線の先は部屋の隅に置かれたテレビに向いている。テレビの中では吉本興業のタレントたちが、硬直した日本のコロナ政策について高説を垂れていた。

壁には短冊に手書きされたメニューがずらりとかけてあって、煮魚や焼き魚、刺身といった海産物が多いけれど、カレーライスやチャーハン、焼きそば、コロッケ定食、焼肉定食、そば、うどんと、あらゆる要望に応えられるようぬかりない。レジの横には大きな冷蔵ケースがあって、ラップにかけられた惣菜が器ごと重ねられて、所狭しと並んでいる。ここからは、自由に手に取ってもよいシステムのようである。

「何するん？」

水を持ってきてくれたおばちゃんに訊かれた僕らは当然、「鱈汁ください！」と一寸の躊躇もなく答えた。そのあとで改めて壁のメニューをちらりと見返し、「あ、あと鮭のおにぎりも二つ！」と付け加える。

「どこから来たの？」と訊かれたので、東京ですと答えると、「ここらへんのおにぎり、昆布が巻いてあるけど大丈夫？」と重ねて訊かれる。え、あ、はい、大丈夫ですと答えたあと、そういえば富山のおにぎりはとろろ昆布が巻かれているんだっけと、その嬉しい誤算に僕らの期待はますます高まった。


鱈汁は食べたことがなかったけれど、事前にネットで下調べしておいたのだ。

新鮮なスケソウダラをぶつ切りにして、頭や肝、白子、真子ごと豪快に小鍋に入れ、少量の葱や薄切りにした牛蒡とともに、味噌をといてさっと煮込んだ郷土料理のことである。今はあまり獲れなくなったようだけれど、昔は近海で水揚げ量が豊富だったスケソウダラを使い、沖に出た漁師を待つ妻たちが、浜の流木で熾《おこ》した火で調理したのが始まりらしい。酷使して冷えきった漁師の体を、ゆっくりと背中をさするように、内から優しく温めてくれたに違いない。それが地域に広まって、いつしかこうして外に向けて地元の名物として振る舞うことになったそうだ。

お待ちどうさま――――。

おばちゃんがお盆に載せて、鱈汁とおにぎりを運んできてくれた。

鱈汁は経年で黒ずんだアルマイトの小鍋に頭と尾ひれがはみ出す格好で盛り付けられていて、その粗野な佇まいからして、漁村に吹きすさむ遠い暮らしの記憶が、湯気とともに立ち上ってくるようだった。

おたまでお椀にそれぞれ取り分けて、とりあえずひとロズズと啜ると、荒れた日本海が口いっぱいに広がった。これがまた、いい具合に旅情を誘う豪快さなのである。

鱈を余すことなく丸々入れているだけあって、出汁がよく利いている。それでいて煮込み時間は短いものだから、特有の臭みまでは出ておらず、旨味だけが贅沢に抽出されている。塩味は、鱈の体から染み出す海水そのものだ。肝が味噌と溶け合って、絶妙な深みを演出している。身は火を通しすぎていないから、しっとりとジューシーで美味しい。

僕らはそれを、ハフハフ息を吐きながら頭の先から内臓まで丁寧に味わい尽くした。途中、とろろ昆布が巻かれた大きなおにぎりを頬張ると、そのコンビネーションの妙に思わず頬が緩む。

鱈汁を啜りながら僕は、数年前にポルトガルのリスボンで味わった、あのバカリャウのスープのことをなぜだか思い出していた。西の最果ての地で何度も堪能したあのスープを——。

バカリャウとは、塩漬けにした干し鱈のことで、いわばポルトガルの国民食と言っていいと思う。国内のどこへ行ってもバカリャウ料理が何品もメニューに並んでおり、コロッケやリゾット、炒め物やスープなど使い方は様々だ。滞在中のリスボンでよく通っていた、家族で営む小さな食堂があって、そこではバカリャウをレンズ豆やトマト、じゃがいも、キャベツなどの具材と煮込んだスープがあり、その素朴で優しい味わいに僕らの胃袋は何度も温かくさすられたのだった。それは、食べる人に〝サウダーデ〟を感じさせる、漁師の夫を家で待つ妻が拵《こしら》える、家庭の漁師飯でもあった。

サウダーデ——郷愁、旅愁、人生の悲哀。ポルトガルの民族歌謡ファドでは、遠く離れた愛や時間に向けてその独特の哀惜の情を、まるで石畳を濡らす雨のように艶やかに、情緒的に歌い上げる。

この富山のおばちゃんが作った鱈汁にもサウダーデのメロディが流れている、そんな気がしたのだ。

*

よい石がある場所には、よい料理がある、と思う。

土地ならではの石が落ちているところには、土地ならではの料理が眠っている。石と料理は繋がっている、正しいのかはわからないけれど以前からそんな気がしていた。

考えてみれば、よい石があるところは当然よい石を運んでくれる川があるわけで、よい川があるところにはよい水を蓄える豊かな山がある。自然は全てひと繋がりで地続きなのだから、落ちている石を見れば一帯の生態はある程度測れるのかもしれない。よい石とは、土地が生んだ恵みそのものだ。豊かな食材と同様に。

そうして見ると、この海岸に落ちている石も、おばちゃんが作ってくれた鱈汁も、どことなく同じ表情をしている気さえするから不思議に思う。

夕方、予定していた黒部の宿に到着し一息ついた僕らは、テーブルの上に互いの本日の戦利品を広げ、おずおずと品評会を始めた。

それぞれが選んだ精鋭の石たちへの思いを朴訥と言い言い、これはすごい、いやこれはあまり面白くない、などと簡単な所感を交わし合う。面白いのは、瑤子さんが見つけた石はやっぱり瑤子さんらしいものが多いと思うわけで、一方僕が見つけた石は瑤子さんに言わせると僕らしいということなのだった。

石のサウダーデ――――。

もしかしたら僕らは石に、過ぎ去った感情や時間、郷愁のようなものを見ているのかもしれない。あるいはそれは、自分自身を反照したある一瞬の形態なのかもしれない。そうきっと、僕らが作る料理と同じように。

◎「台形的鱈汁」（3人分）

【材料】

鱈・・・1尾（約750g）

玉葱・・・280g

セロリ・・・40g

人参・・・・60g

じゃがいも・・・100g

米油・・・大さじ1

塩（ゲランドの塩）・・・小さじ½

水・・・400㎖

レモン（輪切り）・・・3枚

パセリ・・・適量

ディル・・・適量

ターメリックパウダー・・・小さじ½

カイエンペッパーパウダー・・・少々

①米油をしいた鍋に薄切りにした玉葱、みじん切りにしたセロリと人参とじゃがいもを入れ、塩を振り、野菜に塩がなじむまで手でもみこんで、野菜からしんなり水分が出てきたら蓋をして、弱火で焦げつかないよう30分ほど蒸し煮にする。

②①に水を入れ、蓋をしながら更に30分ほど弱火で煮込む。

③②をミキサーにかけペースト状にし、鍋に戻し入れ、ぶつ切りにした鱈を頭や肝、白子、真子、アラごと一尾丸々入れ、塩を加え、弱火で30分煮込む。

④器に盛り、輪切りにしたレモンを少し搾って添え、みじん切りにしたパセリ、手でちぎったディルを散らし、ターメリックパウダーとカイエンペッパーパウダーを振りかける。

美食クラブ

ある昼下がり、未知との遭遇があった。

駅前の八百屋へ行ったついでに隣の魚屋も覗いたら、隅に置かれた水槽が目に留まった。ガラスに「一匹50円」と値札が貼られ、中には無数の小さなカニが静かに身を固めていた。2～3センチほどの小さな体軀で、黒褐色の甲殻から橙色に染まった脚が伸びている。水槽の上から覗き込むと、水面に映る巨人のような存在の影に気がついたのか、数匹がザザザザッと俊敏な横移動で視線から逃れようとした。

大きな甲羅の一匹が石の陰に体を半分突っ込んで、黒いビー玉のように真ん丸な目玉で、こちらの動向を窺っている。僕も視線を動かさずに見つめ返すと、縦長の口がわずかにもごもご動いている。つぶらな瞳をじっと眼差すと、その奥にわずかな心の動揺が見てとれた。

こいつは動揺している、と思った。

そして、こいつは確かに生きている、とも思った。

隣から、「ご利用、ご利用〜〜あさりはいかが〜〜」と威勢のいい声が響いてきた。

その声に僕とカニはわずかに反応して、目配せのように一匹のカニがこちらに向けて右のハサミを少しだけサッと挙げた。僕も、彼（彼女？）に向けて右手を少しだけサッと挙げた。するとカニはすっと目をそらして、すました顔で口から泡を吐き、とぼけている。石の上では、ぶくぶくと小さな泡が弾けていた。


「――――すみません」

しばし逡巡したのち、隣のあさり売りに声をかける。

「あの……カニをいただきたいのですが」

首元を右手で掻きながら、購入の意思を伝える。伝えながら、本当に買うのか既に自信が持てなくなっている。サワガニとはいえこれは生き物だ、トマトを買うのとはワケが違う。

「あじゃあ、二匹で。すみません少なくて。元気な子をお願いします」

「あ、えっと、じゃあこの赤い子とこの黒い子で」

「いや、この子は手が一本なくて弱ってるので、こっちの子でお願いします」

「あ、奥の石へ逃げてますね。この子です」

「いえ、食べるんじゃなくて家で飼おうと思って――飼えます、よね？」

そんな感じで訊くと、あさり売りは小さく肩をすぼめて「はぁ、まぁ……飼えるんじゃない」とつれない言葉を返してきた。さっきまでの「ご利用、ご利用～～」の甲高い声とは対照的に、低くて小さな声量だった。カニを捕まえようと右手を水槽に入れながら、ちらりと上目でこちらに向けた視線がどこか冷ややかで、何かひとこと言いたげな気がした。

水槽から無事に掬い上げられた二匹は仲良く透明の袋へと移動し、「サワガニ　¥１００」のバーコードシールが貼られた。野菜と一緒に買い物カゴに入れてレジを通過し、僕はクレジットカードでトマト二個と胡瓜三本と茄子三本と茗荷一パックとサワガニ二匹の代金を支払った。１０００円に少し届かないくらいの金額だった。

サワガニなんか買うつもりじゃなかったのだ。

ましてや飼うつもりでももちろんなかった。

今晩の夕食の担当だったから、野菜を買いに出かけただけだったのだ。そのついでに魚屋も覗いただけだったのだ。

帰宅して瑶子さんの前で袋をぶらぶら揺らしてみせると、戸惑いの混じった歓声が家に響いた。

袋の中では小さな二匹が、乳白色のハサミを目一杯大きく広げて威嚇している。

「魚屋で……目が合ったから……」

そう告げると、

「魚屋で目が合ったから？」

彼女は僕の言葉をそのまま一言一句疑問形にして繰り返した。目が合った生き物ならなんでも買うのかい？という視線を向けて。

僕は他の理由もきちんと探して、こう続けた。

最近コロナのことがあって外には出歩かなくなったし台形は休業中だし、空気が停滞気味で少し息苦しかったこと。今の生活には、何か新しい生き物を加える方が良いと思ったこと。それには二人ともうっすら気づいていたはずだということ。


「暮らしの換気のために…………」

首元を右手で掻きながらそう言った。変化の乏しい平坦な日常は、つるつるですべすべが過ぎるゆえ時として歩きづらくなるだろう。そこからほんの少しだけ未舗装の脇道へそれる水先案内人の役割を、僕はカニに委ねたのである。つるつるすべすべな日々に、ざらざらな他者を挟む。

袋の中では二匹がカチャカチャとハサミをぶつけ合っている。瑶子さんは宙を見て少し考えているようだった。

カチャッカチャッ――――。カチャッカチャッ――――。

乾いた音が虚しく響く。

血気盛んな二匹を眺め、「かわいいですね」と瑶子さんはつぶやいた。

「はい、かわいいですね」とそれには僕も全く同意した。

偶然にも、家には使われていない金魚鉢があった。丸い口が花弁のようにひらひらの襞になっているもので、数年前に有楽町《ゆうらくちょう》の骨董市で、古いガラス特有の表情の揺らめきに惹かれて購入したものだった。その後何年も埃をかぶって棚の隅で眠っていたのだけれど、ついに日の目を見るときが来たのだ。

浴室で綺麗に洗って汚れを落とし、とっておきの石を入れてあげることにした。徳島県の祖谷《いや》にある、吉野《よしの》川の支流で拾った色とりどりの石。石コレクションの中でも、とびきりの秘蔵っ子たちである。

秘蔵っ子を底に敷き詰め浴室の蛇口から水を注ぎ、簡易的ながら陸地と水中とにそれぞれ隠れる場所を作ってあげて、二匹を放した。

「ほら、ここが新しい家だよ。お行き」

そう言うと、その声に応えるように二匹は石の上に登って、大きな右手のハサミを少しだけサッと挙げた。こちらもそれに応えるように右手を少しだけサッと挙げて、「元気にやれよ」

と見送った。濡れた石の陰にザザザザッと素早く横移動して、二匹ともすぐに見えなくなった。

＊

まずはこの子たちにとびきりの名前を授けよう。

瑶子さんと相談し、僕らは早速二匹の名前を考えることにした。生き物を飼うにあたって、名前を与えることはとても重要なように思われたから。

「ジョンとヨーコはどうだろうか」

そう提案すると、瑶子さんはまた宙を見て少し考えているようだった。そして、「ベッド・イン、だね」と言った。僕は頷いて、「平和を我らに、だね」と続けた。二匹は満更でもなさそうに、ハサミを高らかに掲げてカチャッカチャッと小気味よく鳴らした。

名前はすんなりと決まった。サワガニのジョンとヨーコ。後になって二匹を調べてみると、どうやら両方ともオスのようだった。

ジョンとヨーコは、名前に反してどうも仲があまりよろしくなかった。というより、憎しみあっているようだった。カニに憎しみという感情があるのかはよくわからないけれど、二匹の間には憎しみとしか呼べない深くて暗いわだかまりが、確かに存在していた。まるで数百年に渡る複雑な歴史が絡まりあった、隣国同士のように。ラブアンドピースの名前は、早くももろく崩れ去った。

水槽を覗くと決まって二匹はいがみ合っていて、大抵ヨーコがジョンのことをハサミで突いたり、挟もうとしたりしている。ジョンも必死に応戦するけれど、ヨーコの方が腕力に勝るのか、防戦一方の末、いずれ石の陰に退散することになる。こんな小さな世界であってもすぐにヒエラルキーは生まれるようだった。一人になるとヨーコはハサミで石を高らかに持ち上げては水中に落とす暴君のような遊びに興じるようになる。気の弱いジョンはその音にすっかり縮み上がって、ますます石の暗がりに引きこもる。

ヨーコはジョンに比べると体は小さいけれど、野生を生き抜くための「ずる賢さ」という知性を備えていた。その上、高い身体能力を有する俊敏なカニだった。一方のジョンは図体だけは大きいのだけれど力は弱く、動きもどこか緩慢だった。そして争いを好まない非暴力主義者のカニのようだった。

世界が突然、自分ともう一匹だけになってしまうとはどういうことなのだろう、僕は二匹の境遇に思いを馳せてみた。いや、自分ともう一匹とそれから巨人二人だけの世界だ。魚屋の水槽よりいくぶん幸せであるはずだと願いたいけれど、そんなことはとうてい分かるはずもなかった。

＊

最初の数日は米粒や食パンを与えた。けれども時間が経って乾燥し出したものではダメで、炊きたてのご飯や焼きたてのパンじゃないとジョンとヨーコは口をつけなかった。石の上に置いてあげると、ハサミで器用につかんで口元へ持っていき、先端で溶かすようにもごもごと口を動かす。たまにつかみ損ねて水の中へ落としてしまうこともあるけれど、二匹とも一度水底に沈んだものは決して食べようとはしなかった。どうやら食へのこだわりは人一倍強いようだった。

次第に二匹は、単なる米粒やパンでは飽き足らなくなる。先週末に、残りものの鯛めしを与えたのがまずかったに違いない。その豊かな味わいを舌に覚えたようで、それ以来、ただの白米なんか食えるかと、石の上の米粒をハサミで払いのけるようになってしまったのだ。試しに一度、白米、鯛めし、白米、鯛めし、という具合に交互に石の上に乗せてみると、器用に白米はハサミで払い落としてから、味のついた鯛めしのみ口元へ運んだのだった。その偏食ぶりはなかなか衝撃的で、瑶子さんと僕は俄かに目を疑った。この広い世界では日夜食べものに困っているサワガニもたくさんいるのだよと、食の大切さを懇々と諭したかったけれど、あいにくジョンとヨーコは傾ける耳を備えていないようだった。

この極度に偏ったサワガニたちのせいで、我が家では鯛めしをせっせと拵える日が続くようになる。自分たちは50円だったにも関わらず、一尾１０００円以上もする鯛を食べるなんて、身分不相応にえらく贅沢な気がするけれど好物なのだから仕方がない。食へのこだわりには、僕らは理解のある方だ。

「でも毎日鯛めしばかりじゃ、味気ないんじゃない」

瑶子さんは、ジョンとヨーコの代わり映えしない単調な食生活を慮った。確かに食の多様な喜びをもっと広く感じてほしい、僕もそう願った。

冷蔵庫を開けると、昨晩の水餃子に使った小海老が少しだけ余っていたので、試しに与えてみることにした。

石の上に置くとヨーコがジョンの分まで占有する恐れがあったので、箸でそれぞれの口元へと運んであげる。まずはヨーコに差し出すと、物珍しい食べ物に警戒の色を浮かべながらも恐る恐る口先で舐め、安全を確かめた上で自分の方へとたぐり寄せて、丹念に咀嚼し始めた。どうやら、お眼鏡にかなったらしい。

よしよしと思い、次はジョンである。

海老をそうっと口元まで運んでいくと、ジョンも初めは警戒してなかなか食べようとしなかったけれど、「ほら、お食べ」と何度か勧めるうちに両手のハサミで海老を抱えこんでゆっくりと口を動かし始めた。そして咀嚼すると同時に、体を大きく後ろに仰け反らせた。仰け反ったあと、その場で狂気乱舞した。海老を片手に、ジョンが一人踊り狂った。

「ねぇ見てよ！　ジョンが！」

箸を持つ瑶子さんが、水槽を覗きながら叫ぶ。

あろうことか、ジョンは一人踊り狂ったあと自分の海老を片手で確保しながらザザザザッと

ヨーコ目掛けて今までにない俊敏さで向かい、もう片方のハサミでヨーコの海老を横から強奪

しようとしたのだ。食事中に不意を突かれたヨーコは、目を剝いて必死に抵抗する。まるでワゴンの9割引のワンピースを引っ張り合うバーゲンセール会場のように、眼前でサワガニ二匹による海老を巡る決死の攻防が繰り広げられた。

最初は予期せぬ奇襲に劣勢だったヨーコだったけれど、次第に平静さを取り戻し、最終的には腕力で勝るヨーコが形勢逆転していつものようにジョンを追い払うことに成功したようだった。海老は守られた。

自分の分を大切そうに抱え込んで、そそくさと退散するジョン。今までついぞ見せたことのない非暴力主義者の変貌ぶりに、僕らは目を丸くした。海老はカニの理性を時に奪い、狂わせるということを一つ学んだ。

*

翌日は、二匹のためにとびきりのご馳走を作ってあげることにした。好物の合わせ技で「芝海老の鯛めし」である。それを「いしり」を加えて炊き込むことにした。なんだか甘やかしすぎな気もするけれど、喜んでくれるのだから仕方がない。今やカニの喜びこそが、僕らの喜びなのだから。

米をよく洗ってから土鍋に入れる。鯛の頭と切り身を上に乗せ、殻を剝いて頭と尻尾と背ワタを取った芝海老を散らす。水と日本酒と醬油と塩、それから隠し味に「いしり」を加えてよく混ぜ合わせて注ぐ。2合に対し、合計の水分量は380㎖だ。このいしりは能登《のと》の発酵調味料で、イカワタや鯖でつくった魚醬である。ちなみに能登半島の西側では「いしる」、東側では「いしり」と呼ぶらしい。僕らはイカワタのいしりを好んで使っていた。

最初は中火で約15分。次第に蓋の隙間から芳しい蒸気とともにプクプクと白い泡が弾けるようになる。まるで、サワガニが口から吐く泡のようだ。蒸気に香ばしい焦げの匂いが乗ってきたら、弱火に変えてさらに10分ほど火にかける。10分経ったら、最後は強火にしてその場でじっと20秒待つ。これは、底にカリカリのおこげを作るためである。火を止めて、15分蒸らす。最後に小葱を散らしたら出来上がりだ。

蓋をあけると、鯛と海老の甘い香りとイカワタの独特の深み、醬油の香ばしい匂いが部屋を温かく満たした。その匂いにつられて、石の陰に隠れていたカニたちが、ひょっこりと顔を覗かせる。水中に浮かんだ布袋草の上に二匹はよじ登って、両手のハサミを高らかに掲げてカチャッカチャッと鳴らし始めた。

「ほらほらご馳走だよ」

熱を取ってから草の上に乗せてあげると、ジョンとヨーコは恍惚の表情を浮かべながら手に取り、もぐもぐと口を動かす。湖面に浮かぶボートのような布袋草に乗っかって、プカプカと水中を気持ちよく漂いながら、二匹はとびきりのご馳走に舌鼓を打っている。

その姿をしげしげと眺めながら、「さてこちらもいただきましょうか」と、カニたちの残り物の鯛めしを器によそって、人間たちの今晩の夕食にしたのだった。

◎「いしりと芝海老の鯛めし」（4人分）

【材料】

鯛・・・半身（アラ含めて約700g）

芝海老・・・100g

米・・・2合

水・・・280ml

酒・・・50ml

醤油・・・20ml

いしり（ヤリイカの魚醤）・・・30ml

塩（ゲランドの塩）・・・少々

小葱・・・適量

①芝海老は冷水で綺麗に洗い、頭と尻尾を取り、殻を剝き、背ワタを竹串などで取って、水気を切っておく。

②鯛は3枚におろして鱗を取り、冷水で流しながら血合いをしっかりと洗い、沸騰させた湯

をかけて湯引きする。
③洗った米を土鍋に入れ、その上に鯛と芝海老を散らして、水、酒、醬油、いしり、塩をよく混ぜ合わせ土鍋に注ぐ。
④中火で15分ほど火にかけ蓋の隙間からプクプクと白い泡が立ってきたら、弱火にして更に10分火にかけ、最後に強火で20秒数えて香ばしいおこげを作り火を止める。
⑤蓋を開けずにそのまま15分蒸らし、最後に小口切りした小葱を散らす。アラや骨をよく取り除いて、椀に盛る。

サード・インパクト

故あって、僕らは最近とんと出歩かなくなった。

コロナのことはもちろんある。うだるような猛暑が続いていることもある。

しかし、その最たる理由は、〝カニ〟である。


日野の角上魚類へ買い物の際。今夜はツブ貝にするか、剣先イカも捨てがたい、ウマヅラハギが安いから肝醤油で冷酒か、なんて喉を鳴らし品定めしていても、ずらりと並ぶ鮮魚を見ては、我が家のサワガニは今ごろ白泡吹いてぐったりしてないかと心配が頭をもたげる。

日中の暑さから逃れるように奥多摩《おくたま》の渓流へ涼みに行った際。石に腰掛け右から左へ流れゆく水を眺めても、あちらの石の上ではサワガニの甲羅が干からびてるんじゃないかと気がかりで、どうにも気持ちは落ちつかない。

もちろん、外出時に部屋のエアコンはつけっぱなしである。そして冷風が最も当たる場所に金魚鉢を移してから家を出ている。それでも道中二人の話題はカニだ。「全然大丈夫よ」とどちらかが言っても、もう一人が「うーん心配だからそろそろ帰ろう」となる。

頭がカニに占領されている。

頭の八割がたがカニに侵され始めた頃、瑶子さんが突如「カニクーラー」なるものを独自開発し、高らかに発表した。

仕組みはこうだ――。

金魚鉢のひらひらの花弁のような縁に長い菜箸を二本走らせ、その上に網目の荒いざるを置き、大きな保冷剤（数時間持つもの）を固定する。すると保冷剤から冷気が降りてきて、金魚鉢の中に冷たい空気がたまり、鉢内は冷え冷えとした快適な温度が保たれる。さらに外気との温度差により保冷剤に結露が生じ、それが冷たい雫となって落下する。これによって金魚鉢の水量は少なからず補充され、水温も高くなりすぎることはない。時折ポタリポタリと響く水音により耳からも涼を誘われる、という叡智と愛を結集した構造なわけだ。

この素晴らしいアイデアに、僕は心を打たれた。

既存のクーラーと新設したカニクーラーによるダブル冷却効果のおかげで、我が家における夏場のサワガニ住環境は格段に向上し、僕らの不安はいくぶんか収まったのだった。

こんなにも頭がカニばかりなのは、きっと先月末にジョンが死んだこともあると思う。元々、家に来た当初からヨーコと違って動きが緩慢だったジョンは、暑さが激しさを増していくのと並行して徐々に衰弱していき、ある朝、逆さまになって水底で固まっていた。僕らはジョンの体を丁寧に包むと、屋上の植木鉢のふかふかな土の中に埋めた。いつかどこかへ引っ越したら、大きな樹の下にでも移そうと考えた。

一方のヨーコは、ジョンがいなくなっても悲しむそぶりは露ほども見せず、むしろ一人っきりになった世界を存分に謳歌していた。

日中カニクーラーを稼働させると、ヨーコは水中に浮かぶ布袋草へせっせとよじ登り、葉の上で両手のハサミを広げて全身で涼しさを享受する。時折、手慰めのように草の端をハサミでちょきちょき刻んでは、うっとりとした表情でいつまでもプカプカと佇んでいる。

食事は相変わらず、選り好みが激しい。気に入らない食べ物は躊躇なく残す。あるいは水中に払い落とす。食の安全を脅かす同居人がいなくなったおかげで、草や石の上など自身のお気に入りの場所に運び毎日優雅な食生活を楽しんでいる。食べながら、締まりのない表情をのんべんだらりと浮かべている。

そして深夜になると相変わらず石を持ち上げては水底へ乱暴にたたき落とす、暴君のような遊びに毎晩飽きることなく興じる。ジョンがいなくなってからその狂った遊びは一層激しさを増し、僕らはその音で深夜に何度も目を覚ますこととなる。

唯我独尊、この世界はヨーコのものだった。

＊

「この状況は少し問題かもしれません」

カニへの無償の愛を捧げる瑶子さんにしては、珍しく疑問を呈した。

「他に誰かいた方が、ヨーコにとっていいのかもしれません」

それは一人になったヨーコがかわいそう、という安易な思いやりの気持ちというよりは、他者の存在を忘れることなかれ、というこの世界を生きる上での警鐘に近いものだった。唯我独尊な子の行く末を憂う、親の深い愛情だった。

それに首肯した僕は翌日、早速国立駅へと向かう。

駅に併設された魚屋には、「ご利用、ご利用～～あさりはいかが～～」のあさり売りのおじさんはいなかったので、アルバイトと思われる線の細い気弱そうなお兄さんに声をかけて、水槽のサワガニを一匹捕まえてもらった。甲羅が一等赤々と艶やかな子を選ぶ。顔を覗くと、他のカニたちよりも目や口が中央に寄っていて、そしてタラコ唇をしている。愛嬌溢れる顔立ちに、思わず口角が緩む。

50円をレジで支払い、小学生が夏祭りの金魚すくいで捕った稚魚を持ち帰るような晴れやかな気分で、透明の袋を片手にぶら下げて炎天下のなか家路を急いだ。

家に着くと、「うまくやれよ」と告げ、ヨーコが君臨する世界へと解き放つ。

新しいカニは真ん丸のつぶらな目玉でキョロキョロと周囲を見回したあと、タラコ唇から泡を少しだけ吐き、こちらに向けて右のハサミをサッと挙げた。そして、サササッと驚くべき俊敏さですぐに石の影へ隠れていった。

その様子をヨーコは布袋草の高みの席から、お局様のようにじっと静観しているのだった。

僕らの予想に反して、新参者のカニとヨーコとはどうやら反りが合うようだった。というよりもヨーコは新参者を、まるで自分の舎弟のように引き連れて歩くようになった。挙動不審な新参者も、どことなくヨーコのことを慕い頼りにしているように見える。かつてジョンとの間にあった暗くて深いわだかまりは、そこには一切存在していなかった。

僕らはこの新しいサワガニを、我が家に訪れた三四目の衝撃として、「サード・インパクト」と名付けることにした。しかし如何せん名前が長いせいか、「サード・インパクト、こっちにおいで」と呼びかけてもしっくりとこない。名前に中黒（・）があるのも、煩わしいことこのうえない。サードインパクトと一続きに呼ぶべきなのか、あるいはサードとインパクトの間に一呼吸置くべきなのか、その判別も不明瞭だ。

名付けてから三日後、早々に僕らは改名を決意した。サード・インパクトに事情を説明してこちらの不手際を詫び、手のひらに載せ高らかに宣言する。

「サード・インパクト改め、君は今日から、紅《べに》っこ！　体が赤くて呼びやすいから紅っこ！」

挙動不審なサード・インパクト改め紅っこは、あわあわと落ち着きなくタラコ唇から白い泡を吐き続けた。

＊

いつしか朝になると、金魚鉢の掃除も兼ねてカニと戯れることが日課となっていた。金魚鉢からそうっと出してやり、一日塩素抜きをした新しい水に取り替えて、石のぬめりも一つ一つ綺麗にしてやる。その間、もう一人がカニと戯れる。ベッドに横たわって手の甲や太ももに乗せてやると、肩に乗ってきたり、髪の毛や服の中へ這ってきたりする。こちらも歩きやすいように肘を上げたり胸を反ったり、あるいはわざと膝を立ち上げたりおなかを突き出したりする。僕らの体は変幻自在に山となり谷となる。手で甲羅をつかむと、その指をハサミで挟もうとしてくる。

この一通りのカニコミュニケーションを終えると、カニたちは勤めを終えたと言わんばかりに綺麗になった住処へとそそくさと帰り、見返りの朝食を要求してくる。僕らはしずしずと朝食を差し出す。

「ほら、マスクメロンですよ」

メロンの欠片を小さなスプーンに乗せて口元へ運ぶと、二匹は両手のハサミでスプーンを押さえながら、メロンをゆっくりと咀嚼し始める。一匹が食べ終えると、もう一匹の番。二匹は互いが食べる様子を静かに見ている。喧嘩はしないし、相手の食事を横から奪う素振りも見せない。紅っこが来てからヨーコの唯我独尊ぶりは鳴りを潜めていて、共生の心が芽生えた我が子の成長に、僕らは目を細めたのだった。

メロンがカニたちに好評だったので、次の日は桃を与えてみることにした。日野のＪＡで２個８００円だった大きくてよく熟れた白桃である。嚙むと、甘くてみずみずしい汁が口の中に溢れてくる。「美味しいね」と話しかけると、二匹は揃って右手のハサミをカチャッカチャッと高らかに鳴らした。

桃も好評だったので、今度はスイカを与えてみることにした。瑶子さんと僕は年々スイカが好きになっていて、夏場になると丸々一個を冷蔵庫に眠らせておく。そうしてキンキンに冷やすと、氷よりもアイスクリームよりも、火照った体の熱を内側から冷ましてくれる。初めて口にしたサワガニたちも、心なしか涼しそうだ。カニと並んで同じスイカを食べていると、気分はもう最高に夏って感じになってくる。

スイカもお気に召したようだったので、今度はシャインマスカットを与えてみる。はしりものなので一際高かったけれど、食に強い関心をもつ二匹のために奮発したのだった。光輝く珠のような果実にヨーコと紅っこは我を忘れて夢中になり、ゆっくりと時間をかけていつまでも楽しんでいる。30分くらいかけてやっと食べ終わると、名残惜しそうな視線をこちらに向けてくる。もっと寄越せと言わんばかりだ。

「シャインマスカットを食べるサワガニなんて、世界広しといえども君たちだけだと思うよ」

そう言うと、二匹はとぼけて目をそらし、奇怪な動きをしながら石の陰に隠れていった。

メロンに桃にスイカにシャインマスカット――。毎日滋味豊かな果実を与えているうちに二匹の食の好みは徐々に変化していったようで、いつしか動物性の食物は受け付けなくなっていった。どうやら、厳格なヴィーガンのサワガニへと移行したようである。

明くる日も瑶子さんと僕は、二匹のお眼鏡にかなうようにとっておきの料理を考える。シャインマスカットはそのままだと少し食べづらそうにも思えたから、今度はゼリーにしてみようか。今からつくって今夜固めて明日の朝に与えてみよう、やわらかいからきっと食べやすかろう、なんて二人で気遣いながら。

夕方のワイドショーでは、閑散とした江の島の様子を中継していた。今年は花火大会も、海水浴も、里帰りも、みんなお預けだ。コメンテーターたちがワクチン接種の是非を飽きることなく今日も問うている。毎日同じ話題で世界が狂騒しているけれど、静かなのはこの家だけだ。

そう思い、ゼリーをつくり始めると、カンカンに晴れた空の遠くからゴロゴロと雷が鳴り始め、その矢先、急に嘘みたいな大粒の水が一斉に天から落ちてきた。けたたましい轟音に、何事かとサワガニも石の隙間から顔を覗かせる。

夕立だ――。

計画は全部中止だ　楽しみはみんな忘れろ
嘘じゃないぞ　夕立だぞ

家に居て黙っているんだ　夏が終るまで

夕立／井上陽水（1974年、『二色の独楽』より、ポリドール・レコード）

僕は半世紀ほど前の曲を口ずさみながら、植木鉢のバジルをちぎり、これも一緒にゼリーに入れてしまえと思いつく。そうだ、カルダモンも加えてみよう。サイケデリックな井上陽水の歌声が頭の縁にこびりついて離れなくなって、雨の音が乾いたスネアのリズムのようにいつまでも響いている。計画は全部中止にして、楽しみはみんな忘れて、家に居て黙っているけれど、いつになったらこの長い季節は過ぎ去るのだろうか。

夕立は一層激しさを増す。サワガニたちとの夏はまだまだ終わりそうにない。

◎「シャインマスカットとバジルとカルダモンのゼリー」（カップで2人分）

【材料】

シャインマスカット・・・8粒

バジル（小さめのもの）・・・数枚

グリーンカルダモン・・・9粒

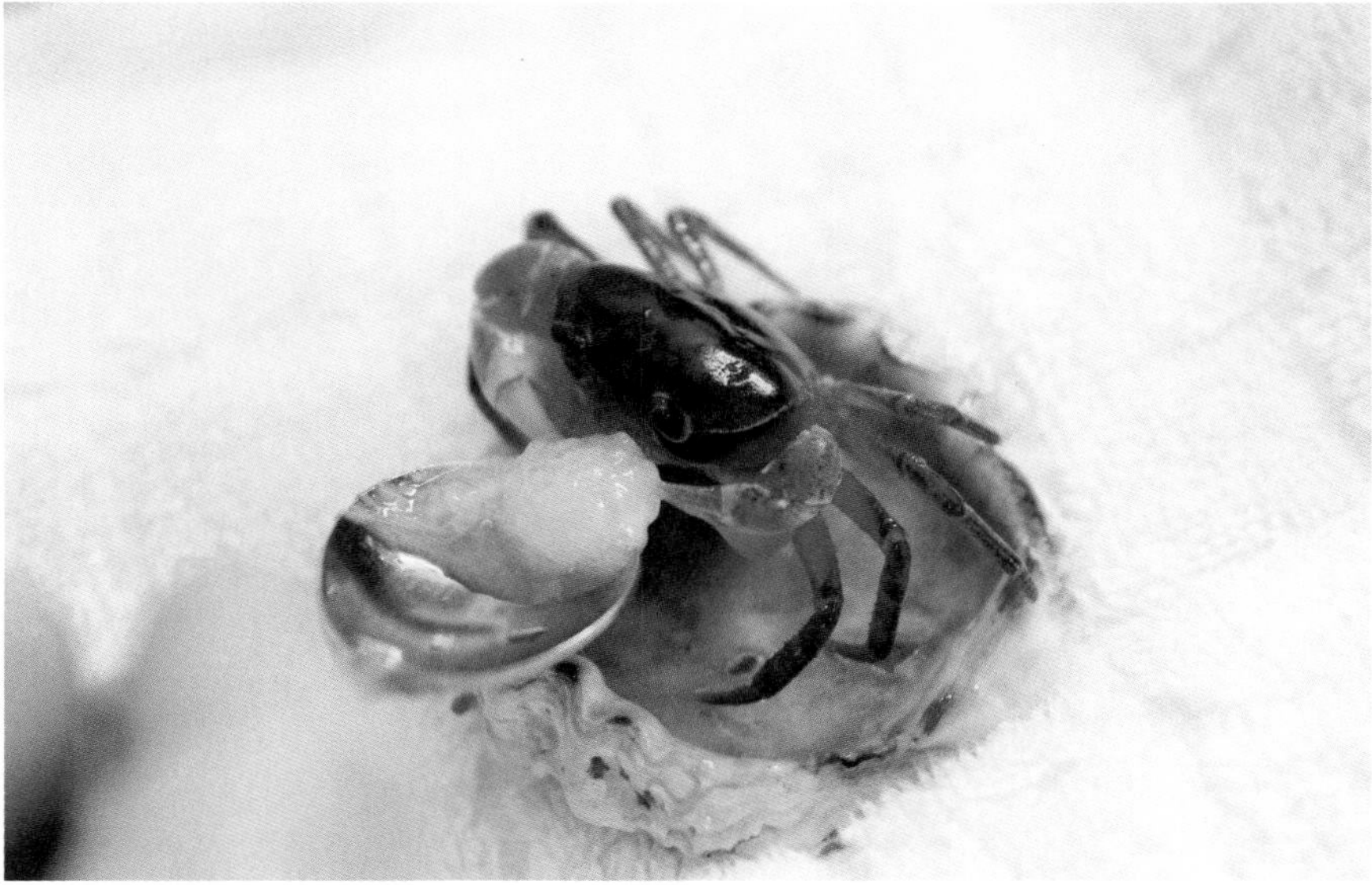

白ワイン・・・70㎖
板ゼラチン・・・6g
水・・・250㎖
砂糖・・・45g
レモン果汁・・・15㎖

①シャインマスカットは房から実を取り、よく洗う（皮はついたまま使うが、剝いてもよい）。
②カルダモンは鞘をハサミや手で割って、中の種子を取り出し、乳鉢で擦って粉末状にする。
③鍋に白ワインと②を入れ、強火で1〜2分煮立たせる。
④板ゼラチンを氷水に浸けて、柔らかくしておく。
⑤③に水と砂糖を入れ、溶けるまで再び温めたら、目の細かいザルなどで漉してカルダモンの繊維が残らないようにし、鍋に戻し入れる。
⑥⑤に水気を切った板ゼラチンを入れ、溶けるまで弱火で混ぜ合わせ、最後にレモン果汁を加える。
⑦ガラスの器やカップにシャインマスカットと⑥を流し入れ、小さめのバジル（大きい場合は細かく千切る）を2〜3枚ずつ散らして、冷蔵庫で固まるまで数時間寝かせれば完成。

西へ

一、

急遽思い立ち、西へ。

秋営業の最終日を無事乗り越えた翌日の午前3時。小さな車に二人の数日分の着替えを乗せて、前日に急拵えでまとめたプレイリストの音量に重たい眠気を揺さぶられながら、トラックの煌々とした明かりと一緒に夜道を駆ける。

車体はガタガタといつだって頼りなく揺れ続けて、新東名《しんとうめい》を横断した頃にはもうすっかり空は明けて、伊勢湾岸道《いせわんがんどう》を抜けて名神《めいしん》に至る頃にはおなかは背中にくっつきそうだった。眠気と疲れと、底につきそうな空腹。まずは旅の手始めに、愛してやまない、あのふわふわな球体を食べなくてはならぬ。

トラック達に別れを告げると明石《あかし》で下道へ降り、うら寂しい駅のすぐ傍に佇む〝玉子焼〟の暖簾をくぐった。

駅前には人なんて全然いないというのに、この小さな店内は先客（おじさま方が昼からビールを飲んで楽しんでいる）でいっぱいで、「今席作るからちょっと外で待ってて〜〜」というおばちゃんの声に従いしばし待つと、「お待たせ〜」と三つあるテーブルのうちいちばん奥の席を案内してくれた。カウンターの中ではおばちゃんがせっせとあの球体を焼いていて、次から次へと箱に詰めている。きっと先客のお土産分に違いない。

壁に並んだ札を覗くと、「名代　玉子焼　六百三十円」「特上　玉子焼　六百六十円」とある。普通のものと特上との違いを尋ねると、卵を一個多く使っているかどうかということだった。なるほど、玉子焼の世界では卵の数が物を言う。

一人前は球体15個である。なんて懐に優しいのだろうと感じ入っていたら、これでも昨今の物価高騰の影響でやむなく50円値上げしたというから驚く。僕らはとりあえず「普通」と「特上」を一つずつ頼んだ。

「ネギとお出汁は足りなかったら言ってね〜」の声と一緒に、あの球体が下駄みたいな板に乗って運ばれてきた。僕らは二人ともこれに目がなくて、どうしてたこ焼きなんかの陰に隠れがちなのだろうと、その不当な世間の扱いには普段から少なからず思うところがあった。

あの球体を、本場で。それは長年、ささやかに願い続けていたことである。

小葱の浮いた透き通ったスープに、ふわふわな球体を浸すと、衣が少しだけほどけた。ひたひたになった球体をそうっと口元へ運ぶ。上品な出汁をまとった卵の優しい風味が、口の中で

穏やかにとろけた。

「ね、これだよね」

互いに目配せしながら、優しさと旨味に思わず頬がほころぶ。一個食べたら、すぐにもう一個。そしてもう一個。右手の箸が止まらない。

なるほど、特上は卵が多い分、少しだけ固めで濃厚だ。個人的にはふわふわな「普通」が最初は好みだと思ったけれど、「特上」も格が上なだけあって奥ゆかしい味わいをしている。後半に差し掛かるときには、「どちらも甲乙つけがたい」という評価に落ち着いた。

あれよあれよと気がつくと、板上にあったはずの30個の球体は綺麗に消えているではないか。瑶子さんをちらりと見ると、第二ラウンドいけますという表情を浮かべている。

うん、よしっ。


「すみません〜、もう一つおかわりください。あ、えっと、普通ので〜」

「はぁい、お出汁とネギはいる？」

「あ、はい、お願いします〜〜」

「はぁい」

おばちゃんの「お待たせ〜〜」という声とともに、出来立てふわふわな球体が再び運ばれてきた。新しく注いでもらった出汁からは、光に照って湯気がゆらゆら立ち上る。隣のテーブルのおじさま方は、新たにもう一本ビールを空けている。時刻は正午を過ぎたばかり。

旅の幸先は上々だ。

二、

島、という響きにはなんだか心細い旅情があって、その心細さが恋しくって島を目指すのだけれど、ここにいたってはどうもいつもとは感慨が違った。島と呼ぶには大きすぎるのだ。いささか賑やかにすぎるのだ。

そして何よりも、そこは物理的にも心理的にも全然隔たれていなかった。むしろ陸だった。島と本州とが太い動脈のような道路でしっかりと繋がっていて、その立派な明石海峡を横断すると、まず迎えてくれたのは大きな観覧車である。併設された展望デッキから海を望むと、橋桁のトンネルを船舶が賑やかに行き交っていて、それを僕らを含む旅行者達が、わぁきゃあ騒ぎながら眺めている。さながら島全体が大きな一つのテーマパークみたいだ。

島は静かでなきゃね、うら寂しさが迎えてくれなきゃね、なんて思うのは土地の生活者ではない気ままな旅行者の身勝手な願望に過ぎないのだ、きっと。

カラフルな観覧車に乗りたい気持ちがなかったわけではないけれど、しばらく眺めているうちにまぁいいやという気持ちになってとりあえず島を南下することにする。

視界から海が隠れると、ますます島らしさがなくなって、大型スーパーや飲食チェーン店まで立ち並んできて、これじゃあ都内の郊外の道と変わらないじゃないか、と思った。けれど20分も走らせるとやっぱりそこは紛れもなく島で、地元の海産物を喧伝する幟《のぼり》と停泊した小さな漁船が目につくようになる。求めていた心細さと高揚感がやっとこさ体を浸してきて、「ああこれこれ」となった。「やっぱり島はいいよねぇ、初めての海はどこだって最高だよねぇ」なんて隣に話しかけると、助手席の人は帽子を目深にかぶって体全体を雪だるまみたく布団でくるまって、実に気持ちよさそうに眠っていた。車内には光がいっぱい入ってきて、ガラス越しの12月の日差しはとっても眩しくて暖かかった。昼食後の昼寝にはちょうど良さそうだった。


途中、一軒の酒蔵があって立ち寄ることにする。

車を停めて瑶子さんを起こして裏に回ると、半被《はっぴ》姿の杜氏《とうじ》さんがちょうど軒先に真新しい緑の杉玉をかけるところだった。「もうちょっと上げて上げて！」「下からちゃんと支えてよ！」「ほら危ないって危ないヨォ！」となかなかに賑やかだ。

それを端から見ていると「今回のはちょっと大きすぎるわよねぇ、建物が潰れちゃわないか心配ヨォ」とおばさんが僕たちに向かって恥ずかしそうに笑い、「いやぁ立派ですねぇ」なんてこっちも軽々しく挨拶をしてから、中を見学させてもらうことにした。

築150年ほどだという酒蔵は、蒸気と、忙しない杜氏さんの活気で満ちていて、かけていた眼鏡はすぐに曇った。仕込んだばかりだという新酒（生）一升と酒粕を買おうとすると、「これおまけね」と、買ったものより立派な大吟醸の酒粕を一緒に袋に入れてくれた。

なんだか土地の空気や生活の息遣いまでいただいた気がして僕らは小さなホクホクに満たされたわけだけれど、心が緩んだせいか急に重たい疲れが津波のようにどっと押し寄せてきて、右足までぷるぷると痙攣し出した。考えてみると、昨夜の営業からろくに睡眠をとっていないわけであり、朝3時から12時間ハンドルを握り続けた体が悲鳴を上げているのだ。

今晩の宿へ急ぐことにしよう――。しかしどうして、宿はなかなか見つからなかった。「おかしいな、この辺りなんだけどな」「あっちの方じゃない？」なんて二人でナビにあくせくしながら狭い路地を行き来すると、何度目かにようやく小さな宿の看板を見つけた。そこはちょうど路地から旗竿地のように奥まっていて、外観は変哲もない小さな民家のようだった。しかし玄関にはきちんと宿の看板がかけられている。

「こんにちは～」

ガラガラ引き戸を開けて声をかけると、「はぁい」と奥から快活な女将さんが笑顔で迎えてくれた。

どうやら客は僕たちだけのようだ。受付を済ませると、まずは風呂に浸からせてもらうことにする。「先に入らせてもらっていい？」と瑶子さんに断りを入れてから、一番風呂をいただく。熱々の湯に浸かると、たまった疲れと眠気とが湯の中にほどけていくのが分かって、そのままぷかぷか眠りそうになるほど気持ちがいい。

熱い湯で生き返って浴衣を羽織って外を覗いたら、もう日は暮れかかっていた。一帯の集落は観光客は見当たらなくてひっそりしていて、窓の下の入江には長い間放置されているにちがいない小船が何艘も泊まっていた。鄙《ひな》びた風景に、「ああこれこれ」となった。

夕食まで少し時間があるから辺りを散策することにしよう。


外には痩せ細った犬が、一匹いた。

首に大きな鈴を鳴らして、山の斜面を登ったり、山にワンと吠えてみたり、斜面を滑り降りたり、堤防の上を挙動不審に駆け回ったりしている。ヨダレを垂らして、あばら骨が浮き出て、耳がぴんと立って、尻尾がくるんと丸まってて、ああ田舎の犬だった。後ろから、割烹着姿のおばあさんが犬に声をかける。隣で、いかめしい表情の漁師さんが一服している。近づいていって堤防の下を覗いたら、青灰色の海には無数の魚がひらひら泳いでいた。

おばあさんと漁師さんの背後の家々には、重厚な瓦が並んでいた。ここが日本で有数の瓦産地だったことを思い出した。瓦は、足元の土でできている。それを風と火で固めて、天に葺いている。


「そんな格好で風邪ひかないでちょうだいね、ほら今の時期にひくと色々と面倒でしょう」

12月だというのに、はだけた薄い浴衣で海辺をうろついていた僕の姿を見て、女性が声をかけてくれた。夕暮れ時の静かな海や民家にすっかり見とれていたけれど、意識した途端に漁村の寒風がぴゅうと鋭く身を吹いた。確かにこんなところで風邪でもひいちゃったら元も子もない。なんてったって今晩の宿にはアイツが待っているのだから。

ゴジラ第二形態みたいな顔付きのくせに、裏腹にもお高くとまってるアイツ——。

夏の産卵期を終えると旺盛な食欲でどんどんと身を肥やし、秋も深まり冬に差し迫った頃にはふっくらとして、魚体の表面は薄っすらと黄金色を帯びて輝くという。晩秋の鱧《はも》、夏ではなくていちばん脂の乗ったこの時期の「落ち鱧」を一度食べてみたくて、僕らはわざわざ淡路《あわじ》島《しま》に初日の宿をとったのだった。ここの鱧の噂を過去二度ほど耳にし、いつか必ず、と数年の間その思いを心に秘めていたのである。

果たして、長年焦がれた「鱧づくし」は壮観だった。

鱧の薄造りから始まり、梅肉添えに天ぷら、西京焼き——。次々と運ばれる皿に、テーブルの上には鱧の行列ができる。関東の初夏に口にする淡白であっさりとした身に比べて、晩秋の淡路の鱧は濃厚で、ねっとりとした旨味が舌の上で溶ける。鱧が舌先から脳髄へとゆらゆら泳いで巡る。

ビールと一緒に鱧の行列を綺麗に平らげると、とうとう真打ちの登場である。丁寧に骨切りされた鱧を、旨味が染み込みグツグツ煮えたつ出汁に浸すと、鍋にパッと白い花が咲いた。しゃぶしゃぶと箸で数秒泳がせてから口に運ぶと、「んっ、ん」と思わず唸りが漏れる。外側の身は余計な脂が落ちて適度にしまり、内部は程よくレア。食感は軽い。もうおなかははち切れんばかりにいっぱいだけれど、旨味がそれに勝る。鱧は文字通り、実に「豊かな魚」だった。

翌朝の帰り際、「いやぁ大満足でした、ありがとうございます。それにしても鱧は刺身でも食べられるんですね。毒があると聞いたことがあるので生では食べられないと思ってました」と女将さんに話すと、「そうですよねぇ、ふふふふ」と笑い、そのあとの言葉を待ったけれど何もなかった。

その曖昧な笑みに、とりあえず僕らも曖昧な笑みを返しておいた。

三、

早朝7時半に宿を出た僕らは、鳴門《なると》海峡《かいきょう》を通って四国へと渡った。海が見えなくなると、それからうねうねとした山道を何時間も走らなくてはならなくて、途中一台通ることすら心許ない細くて険しい道がいくつかあって（僕らの選択した道が悪かっただけかもしれないけれど）、近くで立ち往生する大きなSUVを見ては、軽自動車で良かったとつくづく思った。「しかしどうして車ってあんなに大きいのばかりなんだろうね」とボソッとつぶやいたら、「肥大化した顕示欲の象徴だから」と瑶子さんは言い放った。

そうやって着いたのは、雄大な高原と連なる稜線が見える、石灰岩が綿々と空に向かって立ち並んだ山の上だった。どうやらこのような地形を、カルスト、と呼ぶようだった。初めて知った。白い岩が並ぶ光景は、どこか知らない国の知らない習俗の墓地みたいで、それを見て、「あゝこの世は天国この世は地獄」と言ってみたのだった。それから瑶子さんと二人で、「この世は天国〜〜この世は地獄〜〜」と今度は大声で歌ってみた。誰もいないから存分に歌ったあと、さてこのあとどうしよう、となった。とりあえず端っこに行きましょう、となった。

端っこで、つまらない場所なんて一個たりともないのだ。

端っこでは端っこ独自の文化が形成され、醸成されて、静かに渦巻いているのだ。だから行き先に困ったら、岬、半島と名のつくところを目指せば良いのだ。あるいは垂直方向に頂を目指せば良いのだ、きっと、経験上。

というわけで垂直方向の山を堪能した僕らは、直感的に四国のいちばん南の先っぽへ向かうことにしたわけである。

*

四国のいちばん南の先っぽには、古めかしいホテルが一軒建っていた。

そこがまた何とも形容しがたい不思議なホテルで、古いけれども新しい、要するに廃業したホテルを居抜きとして使用して新たな経営がなされているのだけれど、ハード面とソフト面との如何ともしがたい違和が今まで味わったことのない独特な空気を形成しているのだった。その不思議さはホテルの外観から既にうっすらと漂い、中に入ってすぐに感知され、チェックインが終わり自分で荷物を運んで部屋のドアを開ける頃にはそこかしこに充満していた。フロントでは2020年代の時間が流れているけれど、エレベーターを降りた廊下では1980年代の時間が流れていた。部屋の中には、前身と思われるホテルの名前が印刷された浴衣が置かれてあった。ここではないホテルの名前が印刷された浴衣を纏った客人たちがホテル内を彷徨い、それに漏れず僕らもそれを着て一緒に彷徨った。薄くてよれた浴衣からは在りし日のリゾートホテルの残り香がして、胸がキュッと締めつけられた。

僕らは親愛を込めて、ここを不思議ホテルと呼ぶことにした。やはり地上の端っこでは中央にはない何かが渦巻いていて、時空が少しばかり歪んでいるのだ。先っぽに来て良かったとしみじみ思った。

不思議ホテルでの食事は実に味わい深かった。

鰹の藁焼きは土地の代表格らしい威風堂々たる味わいでとても美味しかったし、クエも食べた。あかうしも食べた。どれもとても美味しかった。それから次々に地産のものが給仕によって運ばれてきて、僕らはそれらを次々に平らげていった。その様子を、やり手風スーツが静かに部屋の隅から観察していた（きっとこの人が不思議ホテル支配人にちがいない）。

繰り返すけれど、不思議ホテルでの食事は実に味わい深かった。ただやはり、料理が提供されている時間も、食堂の空間も、給仕の方も、やり手風スーツも、テーブルの配置でさえ、底の方でツーっと得も言われぬ不思議が流れていて、僕らはその不思議も一緒に食べながら、ここは一体どこなのだろうという錯覚すら覚えながら、15度だけ傾いた時空間に舌も心も一口ごとに奥深く沈んでいった。そして沈みながら思った。やっぱり食事は味覚だけじゃなくて視覚や嗅覚や触覚や聴覚、そしてその他の名前の知らない感覚も総動員して、空気や時間ごと味わっているのだと。その総体が、食事というものだと。単純に美味しいかどうかというだけではないわけで、だから食事は豊かだと。

もう一度繰り返すけれど、不思議ホテルでの食事は実に味わい深かった。

翌朝、太平洋を染める朝焼けは、ポルトガルで見た大西洋を染めるそれと比肩するほど美しくて、ホテルの展望デッキから崖下を覗くと岩の窪みで波が白い渦をつくっていた。真上からぼんやりその渦巻きを覗き込んでいると、その不思議な渦に危うく心まで飲み込まれそうになり、おばさんが声をかけてくれなかったらきっと心はぐるぐる渦巻いたままだった。不思議から戻れなくなるところだった。

土佐弁が愛らしいおばさんは朝食で残った蜜柑を紙袋に包み、「帰りの車で食べてぇ」と優しく手渡してくれた。ありがとうございますと感謝を伝え、不思議ホテルの食べものを手にした僕らは静かにそこを後にした。

四、

一度はつくってみたいけれど、自分ではどうしてもつくれないものがある。

ワインにシードルに日本酒に……まぁ要するに酒である。


数年前にジョージアに行った際、トビリシのゲストハウスに早朝5時に到着すると、いの一番に差し出されたものはお茶でもコーヒーでもなく自家製のワインだった。

「まぁとりあえず飲みなさい」となみなみ注がれたルビー色の液体は、ワインではなく葡萄酒と呼びたくなるような、一つの生き物をまるごと醸したような生々しい味がして、苦みやえぐみまで余すことなく搾り取った濃いエキスを一息に飲み干すと、日本から30時間かけてきた時差ぼけの頭がくらくらっと揺れたのだった。

まるで葡萄の濁酒《どぶろく》だね、そう思った。


どぶろくは、土の匂いがする。暮らしの匂いがする。きっとその人の生活まで溶け込んでいるんだろうと思う。

ジョージアの事情がどうなっているのかは知らないけれど、この国には酒税法という難儀な法律があって、そのおかげで昔の暮らしとともにあったはずの「民間の酒」は戦後に一瞬で失われたらしい。米農家では自家製どぶろくを神棚に備えて豊穣を祈願することもなくなった。食が一つなくなるというのは、信仰が一つ消えることなのかもしれない。

高知県東部の山奥に位置する小さな村に、どぶろくをつくって民宿を営む米農家があると知って、今回すぐに予約を取ったのだった。

一帯は古くから米どころとして有名で、周囲の美しい山々から湧き出る清水を田に引き、米を育て、その美味しい米を用いて古来家々でどぶろくを仕込んできたらしい。例に漏れず戦後にその伝統は一旦失われるけれど、２００４年にどぶろく特区の認可を得て、数軒の農家が本業の傍ら、民宿を営みつつどぶろくを再生産するようになったそうだ。

陽が稲田を黄金色に染める時刻に農家さんの家に着くと、玄関前で迎えてくれたのは一匹の神さま猫だった。

ふわふわの白い毛並みで神さまみたいに後光が射すこの猫はとっても人なつこくて、女将さんに名前を訊くと「しらす」と言った。しらす、なんて愛らしく神々しいお名前なのだろう。しらすさま――。

僕らが泊まる部屋は母屋に併設された離れのようで、そこを整えてもらっている間、僕らは白く発光するしらすさまといっぱい戯れた。しらすさまも、ぴょんぴょん跳ねていっぱい喜んでくれた。飛び跳ねる後ろの田んぼでは、旦那さんと息子さんが仕事に励む姿が見える。

離れから戻ってきた女将さんにどぶろくの作業場を見せてもらえないか頼むと、「ええっ、そんな見せられるものではないョォ」なんて恥ずかしそうにしながら調理場の奥の小部屋を覗かせてもらえた。そこには簡素な樽が一つ置かれてあって、あぁ本当にシンプルにつくっているのだ、とそのプリミティブな酒蔵を見て期待に胸が膨らみ、夕食の時間を静かに待った。

「シシが入ったからネェ」

そう言って女将さんが用意してくれた食卓は、想像をはるかに凌ぐものだったから僕らは小踊りしたのだった。

今朝獲れたばかりの肉を旦那さんがさばいたというイノシシのヒレカツ、原木しいたけ、自家製こんにゃくの和え物、自家製クレソンのサラダ、川で獲った鮎の塩焼き、栗の渋皮煮、地場産野菜の天ぷら、そして土鍋で炊いた香ばしい白米。あぁこういったものが食べたかったのだよとテーブルに並ぶ皿を見て二人顔を見合わせ、ほくそ笑む。これに合わせるのは、もちろん自家製どぶろくである。「ぜひぜひ飲んでみてください」と女将さんがグラスになみなみと注いでくれた。

まずは瓶を振らずに上澄みを。綺麗に透き通った液体を、そうっと一口含んでみる。大吟醸のように芳醇な甘みと香りが口いっぱいに広がって、なんて端正でフルーティーなのですかと良い意味で期待を裏切られる。次に瓶を振り白濁したもろみごと、くいっと一息に飲んでみる。瞬間、麹の酸味が舌をチリチリと刺激し、どくっどくっと喉を通過した。そしてしばらく残る、濃厚な余韻。一個の土地が流れてきたようである。

「ああこれはとっても美味しいやつですねぇ……」

しみじみそう言うと、女将さんは、良かったぁと破顔一笑した。

そうしてその晩は女将さんとしばらく話し込んだわけである。村に新しく来た駐在さんは要注意だという話（仲間が何人か取り締まられたらしい）、村に伝わる椿姫の話、ワールドカップで点を決めた堂安《どうあん》選手の話（どうやら生い立ちに興味があるらしい）、鎌倉殿の十三人の話（そろそろ終わっちゃうから寂しいワァと嘆いていた）、そんな女将さんの怒涛の一方通行の話を聞いた後、すっかり心もおなかもいっぱいになって、その晩は酒粕を溶かした薪風呂で温まり、僕の肌は柄にもなくすべすべになり、真っ暗な本当の夜の中で深い眠りについたのだった。

翌朝になると小雨が降っていて、山は朝霧で美しく靄がかっていた。

朝食時に、「お二人で移住してどぶろく作る気ないですか、うちの子供たちは関心がないのヨォ、あそういえばお子さんはいるのかしら、本当継いでほしいワァ」という女将さんの本気の押しをのらりくらりとかわしたあと、しらすさまに「さようなら、元気に生きてくださいね」と今生の別れを告げてから、次の目的地へと急いだのだった。

五、

瀬戸内海に浮かぶ生口島《いくちじま》というところに友人が住んでいるから、突然会いに行って驚かせようと思ったのだ。

「車ではるばる来ました〜〜」だなんて車から手を振ってみたら、きっと大笑いしてくれるに違いない。そんな光景を思い浮かべながら電話をかけてみたら、なんと彼女は島にはいなかった。珍しく連休が取れてつかの間の旅行に出ているとのことだった。お土産のどぶろくも買ったというのに、なんとまぁ。


高知の南端から海沿いに四国を縦断して、今治《いまばり》と尾道《おのみち》を結ぶ「しまなみ街道」に入り、彼女がいない生口島を通過する。島をまたぐ高速道路の眼下に広がる家々には明るい光が照っていた。それを眺めながら「島暮らし」をなんとなく思ってみた。自分たちだったらどうだろう。時に心が貧しくなることもあるだろうけれど、暮らしに海があればそれだけで大体はきっと大丈夫、とも思う。そんな単純じゃないことぐらい分かりきっているけれど、そのくらい僕らは海を信用していた。海はとっても大きくて終わりがないから――。

飛び石みたいにいくつかの島を通ってしまなみ街道を渡り切り、尾道へ降り立った。


初めて訪れた尾道は、なんだか想像といくぶん様相が違っていた。

僕の尾道のイメージは、小津安二郎《おづやすじろう》『東京物語』によって形成されていて、浮世をはかなむ老夫婦が港を見下ろしながら「今日も暑うなるぞ」なんて呟く、しっぽりとした静かな町かと思っていたのだけれど、実際はEXILEの友達みたいな方々がそこかしこで行列をなしている海辺の一大ラーメンタウンだった。日曜日だったせいかどこも黒山のような人だかりで、そこに笠智衆《りゅうちしゅう》と東山千栄子《ひがしやまちえこ》は一組もいなかった。

とりあえず郷に従って僕らもEXILEの友達の後ろに並んでみた。みたものの早々に、「まぁ別に食べなくてもいいのではないだろうか」と瑶子さんに言い、「私もそれに賛成です」と相成って、列から外れ、賑やかな町をぶらつきながら坂の上に並ぶ立派な寺院を遠巻きに眺めることにした。それから貨物船が停泊する賑やかな港を遠巻きに眺めた。そしたらなんだかそれ以上どこかに訪れる気が起こらず、「まぁ別にもう離れてもいいのではないだろうか」と瑶子さんに言うと、「私もそれに賛成です」とまたもや意見が合致したわけで、瀬戸内海沿いをさらに西へと向かうことにした。きっと尾道には素敵な場所はたくさんあるのだろうけれど、今ひとつ気持ちが向かないときは素直にそれに従うのがいちばんなのだ。世界が退屈に見えるのは、空間と自分との波長が合わないときなのだから。

途中、海沿いにたい焼屋さんがあったから、そこの駐車場に車を停めてたい焼きを頬張りながら、そこからもう一度瀬戸内海をじっくりと眺めた。大きな湖みたいに波は穏やかで、眺めている間に遠くを大きな貨物船が横切った。広い駐車場には人が全然いなくて、EXILEの喧騒もなかった。

今回の終着点、竹原《たけはら》に到着したのは夕方である。

直前になんとはなしに決めた竹原だったけれど、製塩業と江戸期の町人文化の隆盛が生んだ町並みは、往時の姿を今でも変わらず伝えていた。棒瓦が葺かれ黒漆喰が塗られ格子窓が穿つ屋敷が立ち並ぶ様は、時代の経過とともに良い具合に枯れ、深まっている。伝統的な建造物を保存する地区は全国いたるところにあるけれど実際はハリボテだったり土産物屋ばかり並んでいたりでなんだかなぁと思うことが多い中、ここは「観光」や「見せる」ことに寄りすぎてなくて、現在進行形でそこに暮らす人々の匂いが路上に漂っている。それでいて全体に一貫した美意識が一本通っているわけだから、とっても「本当」らしくて心に迫るのだった。日曜日だというのに観光客はほとんどいなかった。

その晩はこの町にある元々銀行だったという建物に泊まり、元々料亭だったという建物で食事をとってみた。最終日だから、えいやっと奮発してこの旅いちばんの贅沢である。この町並みと同様に、土地のものを生かし現代の手つきでもって再構築した料理に、「勉強になります」「学ばせていただきます」と二人で言い言い、しみじみいただいた。

翌日の早朝、散歩しようと外に出ると、突き当りの古い酒蔵から大きな湯気が立ち上っている。その様子を眺めているとと「あれはお米を炊いてる湯気ですよ」と小学生の登校を見守る男性が教えてくれた。そこを黄色の帽子をかぶった小学生集団が通りかかり「おはようございま――す」と元気に挨拶してきたので、こちらも「おはようございま――す」と負けずに元気よく返してみた。

やわらかな空気が、ゆらゆらと朝の町に漂っている。

昨晩軒先で出会った白い犬は変わらず同じ場所に座っていて、「おはよう」と挨拶したけれど気だるそうに見返してくるだけだった。

昨日は閉まっていた店が開いていたので中を覗くと、ご老人方が座敷に並んで世間話に花を咲かせながら竹を編んでいる。その中からひとつ、93歳の方が編んだ花籠《はなかご》を手に取り、連れて帰ることにした。ご老人はなんだか気だるそうに紙で包み、気だるそうに手渡してくれた。なんだかその媚びない気だるさは、先ほどの犬と同様に町の空気と馴染んでいて、その空気まで買ったような気分になった。

そうして非力な660ccの車体に行きより随分重くなった荷物を詰め込んで、「これから過去最長の距離なんだから」と気合一発、高いエンジン音をフォンフォンと吹かせたのだった。今夜0時のクロアチア戦が始まるまでに果たして家に着けるのかしら、どぶろくの女将さんは今夜も堂安選手を応援するのかしら、生口島で会えなかった友人も大きな海を背にサッカーを見るのかしら、そんなことを考えながら。

家旅館

10年ぶりの大寒波だなんて天気予報が騒いでいたもんだから、昨晩は水道をチョロチョロ出しておいたのだ。そのおかげか水道管は凍らずに済んで、今朝も我が家にはどこか遠い場所から綺麗で美味しい水が滞りなく供給されてくるのだった。よくよく考えると蛇口をひねるだけでいつでも水が安定的に流れてくることの方が不思議でならないけれど、自分の知らないことが知らない場所では常に働いていて、そうやって世界はいつでも正常に動いているふりをしている。

小さい頃はロールプレイングゲームの空間みたいに、自分の見える範囲でしか物事は動いていなくて、視覚や聴覚の届かない向こう、例えば国立駅を通る快速電車だったり、方南町《ほうなんちょう》の実家で毎朝パンを焼いている両親だったり、地中深くからこんこんと湧き出る温泉だったりは絶え間なく動いている体裁を取り繕っているだけで実は静止しているのだと密かに確信していたのだけれど、どうやらそうでもなさそうだと疑い始めたのは小学2年生の頃で、というのは自分の思い通りに事が進まないことが増えてきたわけであって自分中心の世界にしては少しおかしいと、何だか辻褄が合わないと考えたわけであり、けれどもだからと言って見えない世界がやっぱり動いていないない可能性だって今でも完全には捨てきれていないのだった。

だって、ほんとうのところは誰にもわからないじゃないか。

窓の外を覗けば今冬初めての雪が積もっていて、辺り一面は粉砂糖を振りかけたお菓子みたいに均質に真っ白く化粧されていた。植栽のオリーブの樹も、通りの向かいの駐車場に停まっているバンも、みんな等しく白かった。そのうえ空気や音まで、しんと冷たく凍っているものだから、昨日とは変わりきった街を見て僕は少し大げさに驚いた顔をしてみたのだった。

だって、知らない世界からいつだって誰かに見られているかもしれないじゃないか。


ホットカーペットの電源をつけて炬燵に潜りこみ、いつものようにカフェオレを淹れて、携帯電話のアプリで今日更新されたばかりの『へうげもの』を読み始める。へうげものは古田《ふるた》織《おり》部《べ》を題材にした漫画で、自宅にも江戸時代の織部焼のひょうげた器がいくつかあって、その乙な色彩は昔から好きだった。そうだ今日は織部焼の茶碗で2杯目のカフェオレを飲んでみよう、そう思った矢先、雪に包まれた静寂を強引に打ち破るように、バイブレーションとともに電話の音が鳴り出したのだった。

♩♫♬♬〜〜〜。♩♫♬♬〜〜〜。

知らない番号からである。

♩♫♬♬〜〜〜。♩♫♬♬〜〜〜。

手の中で電話が小刻みに揺れ、僕は画面に表示された番号をじっと見つめた。電話は揺れながらいつまでも鳴り続ける。♩♫♬♬〜〜〜。♩♫♬♬〜〜〜。

――長い。

鼻で軽く息を一つ吐いてから、おそるおそる画面をタッチした。

「はい、伏木です」

今日初めて発した声だもんだから少し上ずってしまって、瞬間、ああ上手くいかなかったと思った。だから電話は嫌なのだ。

＊

「今、外にいるのですがね」

電話口の男は開口一番、そう言った。

「悪いのだけれど、少し出てきてもらえませんかね」

唐突な言い方に、僕は眉間に皺を寄せ、顔をしかめた。

のっそりと炬燵から這い出て、通りに面したカーテンを少し開けて玄関あたりに目をやった。濃い色のスーツに短い丈のブルゾンを羽織った男性が二人、階下から見上げてこちらの様子を窺っている。二人とも30代後半〜40代半ばといったところで、一人は背が高く眼鏡をかけていて、もう一人はがっしりとした体型で身長はそれほど高くはなかった。二人のスーツの着こなしにはこれといった特徴は見当たらない。外見からは危険な気配は感じられなくて、信用金庫の窓口に座っていたって違和感はないだろう。それでも真っ白な雪の中で、スーツ姿の男性二人組はよく目立っていた。

電話で話していない方（背が高い眼鏡）とガラス越しに目が合い、事態がよくつかめないので何も答えずにいると、「もしもし伏木さん、聞こえておりますかね」という電話口からの声のあと、インターホンが立て続けに二度鳴り響いた。

ピーンポ――――ン。

ピーンポ――――ン。

僕はさらに顔を激しくしかめた。

電話を炬燵に置き、仕方なく一階へ降りてドアを開けると、ぐいっと手で押さえながら二人組が前のめりに踏み込んできた。

「すみませんね、午前中から」

「ええ、ええ、すみません」

二人ともすみませんと言いながらも、表情からは悪いという気は微塵も感じられなかった。

「実はね私たち、もっと早い時間から何度も何度もこちらに来ていたんですよ」

「そうです、何度もです」

「インターホンを鳴らしたのに出てくれませんでしたねぇ、でもね、最初から留守じゃないのは分かっていましたよ」

「ええ、ええ、分かっていました」


信用金庫のAとBは、矢継ぎ早にそう言った。A（背の低い方）は短髪で髪の毛が針金みたいにつんつん尖っていて、花生けの剣山に使えそうなほど鋭敏だった。何かスポーツでもやっていたのだろうか、肩幅は広くがっしりとしている。B（背が高い眼鏡）はキリンのようにやけに首が長くてひょろりとした風貌だが、眼鏡の奥の眼光は鋭く抜け目ないように感じられた。

突然の訪問にも関わらず、そして信用金庫にも関わらず、二人とも態度が少しぞんざいだった。

「おかしいなおかしいな、と思ってね、他で適当に時間を潰しては何度も鳴らしてしまいましたよ。大変なんですよこんなところで時間を潰すのも」

「ええ、こんな雪の中でです」

「外から見ると、確かに室内にはあなた、いるんですよ。カーテン閉めてたって分かるんですから。この気温の中でね、もう寒いのなんのって。どうしてインターホンに出てくれないんですか」

二人の肩と頭の上には、少しだけ白い雪が乗っていた。


それを見て、とりあえず僕は謝罪した。

それは悪いことをしました、と。

事実なら、申し訳ないと思ったのだ。なにせ、外は10年に一度の寒波である。小雪だってまだ舞っている。その中で待たせてしまったのだとしたら（例えそれが予期せぬ来訪だったとはいえ）、それは申し訳ないことだ。だけれど、これは確かなことだけれど、インターホンなんて絶対に一度だって鳴ってやいないのだ。


「まぁいいんですよ、私たちが勝手に来ているだけですから」

「ええ、そうですそうです」

「えっと申し遅れましたけどね、私たちこういう者なんですがね」

そう言って、Ａはスーツの内側から黒い手帳を出して僕の前に差し出した。パカっと開いて、そこには顔写真と名前と、その下には堂々とした記章があった。それを見て僕は、ドラマなんかでよく見るやつだけれど本当にこうやるんだ、とその手帳をかざす姿にしみじみと感じ入ったのだった。

「実はですね私たち、ある犯人を長い間追いかけているんですよ。で最近、やっとその尻尾をつかんだ矢先でしてね」

「ええ、ようやくです」

「その人ね、この近くに住んでいるんですよ」

「ええ、もう目と鼻の先です」

「でね、彼は……あ、男なんですけどね、彼は毎日何度もあそこの道を通るんです。ほら、通りの向こうのあそこ。それで私たちとしては、彼の詳しい行動パターンをもっと把握したいんですよ。服装とか荷物とかもです。いつも何時に出て行って、何時に帰ってきて、その時どんな格好をしていて、とか、そんなことを知りたいんです。データを蓄積したいんです。でどうしようかと考えましてね、そこで目をつけたのが、ここ台形……」

「台形って言うんですよね、ここは」

そう言って二人は暗い店内の様子を窺った。

「ええ」と僕は答えた。

「調べたらね、伏木さんあなたがオーナーで。携帯電話の番号だってすぐにわかりましたよ、簡単なもんです。でね伏木さん、犯人を捕まえるためにぜひともご協力いただきたい」

「ぜひとも」

自分のしかめっ面が、どんどん険しさを増しているのが分かる。

「ここの屋上にね、カメラを設置させてやくれませんか。ここからがいちばんあそこの道がよく見えるんですよきっと、そう気づきましてね。いやカメラは映像だけです、音声は録音しないものなのでその点はご安心ください。そちらのプライバシーは決して侵害しませんよ。でも、電源だけをちょっとお借りしてですね」

「えぇ、１ヶ月ほど」

「１ヶ月ほど小さなカメラを設置させていただきたいんですよ、カバーで覆うので外からは絶対に気づかれません。電気代をご負担いただくから、些少ではありますが謝礼だってお支払いしますよ」

「ええ、ええ、５万円ほど」

急な展開で少し頭が混乱してきた。

「ちょっと待ってください、さっきからあなたがたは何の話をされているんですか。一体全体、何の事件に関わってるんですその人は？」

Ａは口角を少しだけ斜めに上げ、剣山のような前髪を右手の人差し指でピンピンとはねた。

「えっとですねぇ、うーん伏木さん、それは知らない方がいいかもしれません。近所にそんな人がいると知ったら心配になるでしょう」

「そう、知らない方がいい」

「だってその人、台形にも来たことがあるやもしれません。そういう人が近くに住んでるって、案外気持ちの悪いものですよ、世の中には知らない方がいいことが実にたくさんあるもんです」

そう言いながら、二人は柱に貼られている護符やら写経やらをしげしげと眺めた。そして奥に古面がいくつも飾られているのを見つけ、眉毛を吊り上げ少し驚いたような顔をしてみせた。

「ねぇ伏木さん、ここは地域の安全も考えてですね、ぜひご協力いただきたいんです。だからね、今から屋上に上がって付けてもいいでしょうかねぇ、このカメラ」

そう言って左手に抱えた黒いバッグを少しだけ持ち上げた。そしてそのまま中に入ってこようとするものだから、「ちょっとちょっと、やめてください。勝手に入らないでください」と僕は二人を急いで制止する。

Aはこちらの顔を見て、剣山のような前髪を右手の人差し指でピンピンとはねながら小さなため息を一つ吐いた。

「知っているんですよ、伏木さんあなた、山羊を無断で飼っているでしょう。奄美大島から来た山羊。こんな住宅街で飼うには家畜として届出は必要なんですからね。まぁそのことは今はいいですけれど、でもね、ちょっと考えといてくださいよカメラの件。名刺を渡すのでね、ここに電話してくださいよ。女性が出ると思うんで、伏木さんの名前を言ったら分かるように伝えておきますんでね、よろしくお願いしますね」

そう言ってAは一枚の名刺を手渡して、「待ってますからね」と言葉を残し、二人は雪の中へ去っていった。

二階に戻って炬燵に入り、手渡された名刺を見ると、こう書かれてあった。

警視庁千住警察署
刑事組織犯罪対策課

警部　日本橋哲二

千住《せんじゅ》警察署――。
国立からやけに遠くはないだろうか。

左上にはピーポくんのイラストがあり、右上には「TOKYO2020」の文字とオリンピックとパラリンピックのマークがあった。

名刺はペラペラの薄いコピー用紙に印刷されたもので、おそらく安い家庭用プリンターなのだろう、文字はところどころ横線が入ってかすれていた。それに形だって微妙にゆがんでいて、ハサミで自分で四角く切ったに違いなかった。今時、大学生だってもう少しましな名刺を作るだろう。

名前の下には電話番号とＦＡＸ番号、内線番号があった。

手の中で名刺をペラペラと煽ぎ、しばらく考えたあと、記載してある電話番号を携帯電話にゆっくりと入力する。2コール目に女性が出て、その日の15時にその女性が国立まで来ることとなった。

＊

結局、小さなカメラは、屋上ではなく浴室に設置されることになった。屋上より浴室の窓からの方が通りがよく見えたこと、屋上より電源が取りやすいこと（屋上にはコンセントがないのだ）、機械なので雨や風の影響を考慮すると室内の方がいいとのことだった。「では、またご連絡します」と女性は言い残し、立ち去っていった。

カメラの設置を了承したことを既に僕は後悔し始めていた。

事態がよくわからないうちに、今日から我が家の浴室には得体の知れないカメラが一台設置されることになったのだ。

誰を撮影しているのかもわからない黒いカメラ。レンズはいつも外を向いて、名前も知らないある人物の挙動を追っている。撮影されるデータは、どこにどのようにして送られるのだろうか。あるいは内蔵されたメモリーにでも蓄積されていくのだろうか。突然訪問してきたあの二人は、本当は一体どこからやって来て、どこに帰っていったのだろうか――。


その日はカメラのことでなんだか疲れてしまって、夕方のまだ陽が落ちきらないうちからゆっくりと温かい湯に浸かろうと思った。そういえばすっかり忘れていたけれど、朝から何も食べていないのだった。自分は食事を摂らなくても割と平気な方で、何かに集中しているときは食事を忘れてしまうことなんてよくあることだ。おなかを触ると見事にいつもよりへこんでいるから、人間の体は実にわかりやすい。

浴室へ行き、浴槽が綺麗に洗われていることを確認してから、『自動』を押した。窓に設置された黒いカメラからはジーッと小さな音がしていて、確かに正しく、今も動いているようだった。

お湯が張られるまでに、冷蔵庫の中から昨晩の残りの鰤の切り身とアラ、それから野菜室から大根と生姜を取り出して、簡単に鰤大根を仕込むことにした。手際よく材料をぶつ切りにして、鍋に放り込む。酒、醬油、塩、砂糖、みりん、水を加えて火にかけると、給湯器のリモコンが「もう少しでお湯が沸きます」と女性の優しい声で知らせてくれた。この前淡路島で買った日本酒を大きめの徳利にたっぷりと注いで、湯を張った小鍋に置いて熱燗にする。すると、再びリモコンが「♩♫♬♬♩♫♬♬～～、お風呂が沸きました」と今度は音楽まで奏でて丁寧に知らせてくれた。

　僕は熱々の徳利とお猪口と小さなタオルを盆に載せて、浴室へ向かう。鰤大根はとろ火にして、つけたままにしておく。


　浴槽に湯が張っているのを確認すると、檜の香りがする入浴剤を入れて手で回して溶かし、乳白色になった湯にドボンと飛び込んだ。急な熱さに苦しくなって窓を開けると、ジーッと作動音のするカメラの横に国立の夕方の空が見えた。まだ粉雪がチラチラ舞っている。冷たい風がびゅうっと流れてきて、それを顔で感じながら燗酒をくぴっくぴっとやった。五臓六腑に燃料が投下されたように内側から火照る。

　冷たい風と、熱い湯と酒、外は真っ白。目の周りがしばしばしてきて、もう一度熱燗を注いでくぴっとやって、雪のちらつくさまをぼうっと眺めたあと、乳白色の湯で何度か顔を拭った。湯船には、浮き足立った不気味な静けさがプカプカ浮かんでいた。

国立温泉、天空の湯――――、誰に言うともなく呟いた。

外に向けられたカメラはその間も、確かに正しく、作動していた。

しばらくすると湯が冷めてきたから、『追い焚き』を押す。すると「追い焚きをします」と優しい女性の声がまた聞こえて、そうこうするうちに湯は再び沸くのだった。

そうして徳利を傾けると中からは少しだけしか出てこなくて、もうすっかり空っぽに違いなかった。


真っ赤な茹で蛸みたいに頭から蒸気を立ち昇らせて、湯とアルコールとですっかり火照りきった体を引きずって二階へ戻ると、甘い鰤の香りが部屋の中を満たしており、食欲を大いに思い出させてくれるのだった。いい具合に大根も色よく照っている。大根と鰤、それから生姜のかけらを大きな器によそって、炬燵の上に置く。それをちまちま箸でつつきながら、これから長い長い夜を日本酒と永遠にちびちびとやるのだ。

僕はこの一連の流れを「家旅館」と呼んでいる。そうすれば家にいながらにして、湯とアルコールの力を借りて心は遠いところへ、どこか知らない温泉宿へと飛んで行けるのだ。そうしていつまでも炬燵の中で冬の暮れゆく夜を、のんべんだらりと怠惰に飲んで食べて過ごすのだ。ユーチューブで中島みゆきでも聴きながら。


味の染みた鰤大根は裏切ることなく美味しくて、僕はついつい余計に徳利を傾けてしまう。大きな一升瓶の残量はみるみる減っていく。

酔いがいよいよ手の先まで紅潮させると、なんだか今日あったことが遠い昔のことで全部うそっぱちな気がしてきて、自分が今どこにいて、今日が今日なのかすら心もとなくなってきた。

さまざまな疑問が頭をよぎる。

国立温泉、天空の湯はどこから湧いてくるのだろうか、お風呂が沸いたと知らせるあの優しい女性の声は誰なのだろうか、浴室に行けば今でもカメラは見知らぬ姿を追い続けているのだろうか、ここ以外の世界は今も正しく動いているのだろうか、なぜ今日はこの家に僕一人なのだろうか――。

「ねぇ伏木さん、世の中には知らない方がいいことが実にたくさんあるもんです」

Aが剣山のような前髪をピンピンと手ではらいながら、アルコールでぐるぐるになった頭の中に話しかけてくる。

「伏木さん、あなた無断で山羊を飼ってるでしょう。この家の一体どこにいるんです、どこにも見当たらないじゃないですか。鳴き声を聞かせてくださいよ」

粘着質な声がリフレインする。

まぁいい、もう色々と考えるのは放っぽり出して、このまま酔いに任せて炬燵で眠ってしまえ。そうすれば明日には今日と同じ正常な朝がやってくるのだろう。世界はそうやって、いつも自分の知らないところで滞りなく正しく動いているのだから、きっと。

◎「家旅館」

【材料】
お風呂
入浴剤
煮込み料理（おすすめは鰤大根）か鍋料理、それに必要な食材と調味料全て
日本酒（冬なら熱燗が良い）

①必要な食材を切り、鍋に入れ、各種調味料を入れ、火にかける。
②その間にお風呂の『自動』を押す。
③お風呂が沸くまでの間、料理をあらかた仕上げ、熱燗を仕込む。
④熱燗を片手に浴室へ行き、湯船に入浴剤を入れる。
⑤湯にゆっくりと浸かり、熱燗をちびちびやる（入浴中の飲酒にはくれぐれも要注意）。
⑥お風呂から出て、火照った体で料理をつつきながら、熱燗を永遠にちびちびやる。
⑦そのまま寝落ち。

日《ひ》陽《び》はしづかに発酵し

「そういえば今日話そうと思ってたんだけれど、僕たち引っ越すことになったんだよねぇ」

ハートランド片手、互いに適度にアルコールが回った頃合いを見計らって、僕は丸さんにこう切り出した。

その時、しのさんは瑶子さんと二人で奥のキッチンで北寄《ほっき》貝の殻を開けたり身を捌いたりしていたから、きっと聞こえてなかったと思う。大量の殻開けになんだか手間取っているみたいでなかなかテーブルに戻ってこないから、じりじりして我慢できなくなった僕はつい先に話してしまったのだった。

しのさん、というのは丸さんの奥さんで、その丸さん、というのは僕らがここに住むようになってから最初に付き合いが始まった国立の人で、出会った場所は丸さんが営む本屋兼ギャラリーだった。国立市の谷保《やほ》という甲州街道《こうしゅうかいどう》に隣接する土地で古い蔵を改装して一階をアート系の本屋に、二階をギャラリーとして運営していて、僕と瑶子さんが初めてそこを訪れた際、スケーターのようなキャップに縁の厚い眼鏡をかけてひょろひょろ〜っと背中を丸め、下北沢辺りに生息する猫みたいな感じでレジに佇んでいたのが丸さんだった。

そのシティボーイ然とした背の高い下北沢猫は、最初は距離を保ちつつこちらを静かに観察し、しばらくしてから「何をやってる方なんですか?」と話しかけてきて、当時僕は青森県の十和田《とわだ》市現代美術館という場所で展覧会に参加していたからそのチラシを手渡して軽く自己紹介すると、チラシをしげしげと眺めてから「へぇ……………」と呟いた。そして後日、弾丸で真冬の十和田まで一人足を運んだことを知った(往復に深夜バスを使って、0泊3日だったらしい)。信用できる猫だ、と思ったわけである。


結局僕はその後に丸さんのギャラリーで2回個展を開くことになり、それがきっかけで国立の人との交流は広がり、2回目の個展はそのギャラリー自体の最後の企画となった。ほどなくして蔵の店舗は国立駅近くの雑居ビルへと移転し屋号も新たにして法人を立ち上げ、丸さんは谷保に飲食店舗を備えたかわいらしい自宅を建て、千葉には市立の美術館内にミュージアムショップをオープンした。それでいて本業はグラフィックデザイナーを自認する、わけのわからなさだ。僕らの周りにはヤドカリとかサワガニみたいな人間が多いのだけれど、丸さんは希少な回遊魚気質で、遠洋を泳ぎ続けないと死んじゃうマグロみたいな感じでいつだって縦横無尽に動き回ってるから(きっと眠ってる間でさえ泳いでると思う)、その勢いの余波はこちらの岸まで及んで来ることもしばしばである。

若い頃はみな好奇心旺盛で自分から動いていろんな情報やら知見やらを吸収していってそれを原資に活発に発散させていくけれど——そしてその多くは失敗する運命にある——、だんだん歳を重ねるにつれ、行動も身の処し方も小さく収斂してひとつどころに落ち着いてゆく。社会はそれを経験による成熟と呼ぶらしいけれど、成熟という名でごまかしているだけの怠慢なんじゃないかと丸さんなんかを見てると思う。

「引っ越し？　へぇ、そなの？
　ふーん………」

忘年会にふさわしくそれなりに意気込んだ発表だったはずなのに、丸さんはいつもの淡々とした調子で特に驚くそぶりは見せず、幅の広い肩を後ろに何回か回すだけだった。

おもむろに立ち上がって奥のキッチンからハートランドをもう一本持ってくるときに、「しの、伏木がついに引っ越すんだってさ」としのさんに言った。そしてハートランドをグラスに注いでぐびっと一口流した。

こんな風に丸さんしのさん夫妻と食事会をするのは実に久々である。昔はしょっちゅう催していた気がするけれど、互いの店やら活動やらが忙しかったりコロナがあったりで、いつの間にか3年ぶりくらいになってしまって、今夜はそんな忘年会だからそれに相応しいものをと思い、丸さんしのさん夫妻は立派な鯛を、僕と瑶子さんは立派な北寄貝やら帆立やら昨晩から仕込んだベンガルカレーやらを用意したのだった。鯛や北寄貝や帆立はさておき、ベンガルカレーが年末らしいのかはよくわからないのだけれど。

前は毎月一度は二人に会っていたけれど、ここ2〜3年ほどは数ヶ月に一度くらいになり、その2〜3年の間に丸さんの肩幅はトレーニングによってどんどん広く厚くなっていった。飄々とした当初のシティボーイ猫の容貌は彼方へ消え、今やシベリアオオヤマネコのように隆々とした筋肉が肉体を支えているのであった（ちなみに僕はオオヤマネコが好きで、羽《は》村《むら》市動物公園まで見に行ったことがある）。

厚手の服の上からでも分かるその見事な体つきを改めて仔細に眺めていると、「で、どこに行くの？」「いつから？」「なんで？」といつもの口ぶりで、早口に畳み掛けてくる。

自分から話を振ったのにそれには答えずに、「胸、さらに厚くなってるねぇ。セーターが張り裂けそうじゃない」だなんて僕がからかってニヤニヤすると、「いや最近忙しくてジムに全然行けてなくて、これでも体重減っちゃったんだよ。マジでやばいんだよ」といつもは無表情なくせに、表情を崩してとても悔しそうな顔をした。

「この前なんてジム行ったらさ、久しぶりですねぇ細くなりましたねぇ、なんて言われちゃってさぁ」と言って、眉間に皺を寄せ八の字みたいな眉毛をしながらまたビールをぐびっと飲み干すのだった。

そんなふうに、テニスのサーブをして野球のバットで打ち返す、みたいなやり取りをした後、

「そんなことはどうでもいいからさ、でどこに引っ越すのよ？　ってかなんで伏木引っ越すのよ？」

と再び訊いてくる。

僕はそれを説明するために、鰻屋とぬか床の話をしなければならなかった。

＊

老舗の鰻屋ってあるでしょ。もう１００年２００年もやっているような。

そういったお店のタレって継ぎ足しが多いでしょ。大きい寸胴鍋に毎日使う分を少しずつ足してゆくやつ。

そうやって継ぎ足し継ぎ足しでつくられたタレは日に日に深みを増していって、そこにはきっと１００年も前に仕込んだものも混ざっているはずだよね。だからそこの鰻重を食べれば食べてるのはもちろん今なんだけど、僕らが生まれるよりずっと前の、１００年ぐらい昔まで一緒に食べることになるよね。そういう意味でもさ、そのタレは一朝一夕じゃどうやっても作り出せない味なんだよね。


――ここでビールを一口。

それとね、我が家のぬか床は瑶子さんの父親である良作《りょうさく》さんのお姉さん、つまり義理の伯母さんが毎日使っていたものを少しだけ譲ってもらったものが元なんだけどね。

その伯母さんは数年前に亡くなってしまったのだけれど、このぬか床がある限り伯母さんの手のひらの菌はきっとここに今も生きているんだよね。伯母さんの乳酸菌の末裔たちが。だからさ、我が家で漬けた胡瓜を食べれば、伯母さんの体の一部分まで一緒に食べるような気分になるんだよね。そうやっていつも思い出すし、もういなくなった人の一部だったものを食べるって、よくよく考えるとすごいことだよね。そういう意味でもさ、このぬか漬けも一朝一夕じゃどうやっても作り出せない味なんだよね。あ、いや、僕はその伯母さんに会ったことすらないのだけれどね。

――ここでビールを一口。

で何が言いたいのかというと、老舗の鰻屋のタレとか伯母さんのぬか床は「今」という全銀河史の最先端でなお更新され続けながら、実は大きな過去を醸成しながら――死んでしまったり失われてしまったりしたものも含みながら――ここにある、ってことで、それはきっとクリスマスパーティの帽子やハウスとんがりコーンみたいなイメージで先端部分の尖った先っぽが「今」として見えて存在しているだけで、その下には見えない膨大な過去が円錐状に広がっているんだってことだよね。本来、暮らしってのは鰻屋のタレとか伯母さんのぬか床みたいな感じに、ハウスとんがりコーンのような状態であるべきだと思うんだけれど、今の国立の生活はハウスとんがりコーンじゃなくてカルビーじゃがりこみたいに直線的なんだと気づいたんだよね。

――ここでビールを一口。

「老舗の鰻屋のタレや伯母さんのぬか床みたいに暮らしたいよねぇ」

とある日僕が言ったら、

「日々を醸しながら?」

と瑶子さんが訊いてきたのね。

「そうそう、時には誰かに引き継いでもらいながら」

と僕が答えたら、

「じゃあまずは健康で豊かなぬか床を探さなきゃね、ここにはそんなぬか床はないよ」

と瑶子さんが言ったのね。

――ここでビールを一口。

というわけで、僕らの「ぬか床探し=住む場所探し」が始まったのが、今からちょうど一昨年の冬、ってわけ。それから東へ西へ、いろんな土地を見て周ってさんざん大変な思いもしたんだけど。いや今も現在進行形でしてるんだけれど。国立の暮らしはさぁ、今の僕らの生活を醸してくれるような土壌ではないと思ったんだよね。まぁ要するに、僕らは老舗の鰻屋のタレや、伯母さんのぬか床を一から丁寧に作りたくなったんだよ。

っていうのが表向きな理由で………、
つまりはまぁその、直感です。

――ビールをおかわり。

そんなふうにして、僕は丸さんに理由を説明した。理由なんて自分でいちいち分析していないから、説明しながら自分でも何が言いたいのかよくわからなくなって、途中つむじを掻きながらこれで合ってるんだっけ?と思った。まぁ理由なんてどうせ複合的で一つじゃないのだから、人に説明するときはなんだっていいのだ。その思考や感情の動きのニュアンス、というか、それに至った逡巡の手触りだけでも伝わればいいのだ、多分。

そうこう話しているうちにしのさんと瑶子さんがテーブルに加わってきて、新しくワインを開けて四人で乾杯し直してから、テーブルに並んだ鯛の塩釜焼と、北寄貝と帆立の刺身と、しのさんお手製のふろふき大根を食べることにした。
その後も各々が作りあって追加される料理はどれもしみじみと美味しくて、ワインとビールと日本酒の瓶は次々と空になり、僕もみんなも赤ら顔で、話は尽きることなく年末の夜はしんしんと更けていき、最後には僕が二日がかりでつくったベンガルカレーをみんなで分けて食べたのだった（忘年会の〆としてベンガルカレーは全く趣がなかった）。

そんな調子で２０２２年はいつものようにあっけなく過ぎ去って、新しい顔した２０２３年が図々しくやってきて、そのまま近くの谷保天満宮へ四人で初詣に流れたのである。

*

境内には深夜だというのに賑やかに屋台が軒を連ねていて、薪で焚いた大きな篝火《かがりび》をぐるり囲んで、甘酒だったり、お好み焼きだったり、チョコバナナだったり、店独自のおみくじだったりが売られていた。

それらを覗くたびに丸さんが材料をチェックして、「しの、これ原価いくらだろ？　え、ウッソ、これで３００円もするのっ⁉」だなんてすぐに経営者目線で原価率を割り出して一晩の稼ぎを皮算用するもんだから、それを見て、初詣に原価云々だなんて全く野暮ですねぇ、だなんて思いながらも僕も同じようにおみくじの原価を頭の中で計算してみたりした。原価率はせいぜい2パーセントってとこだろうと算段し、運勢と引き換えに1枚紙が売れるごとに１９６円が手に入る商売の妙を思った。

それから参拝の長い列に加わって、肩をすぼめてハァハァ息吐いて手をこすりながら牛歩して、ようやく自分の番が来たら拝殿の鈴を鳴らしてから5円玉を賽銭箱に投げ入れた。いつの頃からか参拝時に具体的な願い事をするのはやめにしているものだから、今回も同じように

「こんにちは、伏木《ふせぎ》庸平《ようへい》です。元気にやってます。どうぞよろしくお願いします」と、拝殿に向かってただ挨拶をしたのだった。


参拝を終えた帰り道、「瑶子さんたち、来年の初詣は国立にいないかもしれないんだよね」としのさんが言った。

「うーんそうだねぇ、その時にはもういないかもねぇ……」と瑶子さんが答える。

「引っ越したらいつでも泊まりに来てよ二人で。丸さんは肩幅広すぎて見合う布団がないから寝る場所は庭になるけれど」と僕が言ったら、横で「ふっ」と丸さんが鼻で軽く笑った。

振り仰ぐと頭上には新しい年の夜空が青墨色の幕みたいに広がっていて、そこに星はひとつもなかった。


「今度引っ越す土地に梅の木があってね、その梅を一昨年収穫しに行って梅酒にして漬けたんだよね。それを僕らは〝満願の秘酒〟って呼んでて、ついに引っ越すことが叶った日に、移り住んだ当日に二人で飲むことに今から決めてるんだよね。

今は瓶の中で、日々を静かに発酵させてるところです――――」


丸さんしのさん夫妻と谷保で別れた後、夜道を歩きながら、いつか飲むであろう満願の秘酒の味を思った。谷保から家まではなかなかに遠くて寒くてなんだか寄る辺なくて、広いまっすぐな並木通りには瑶子さんと僕の他に誰一人として歩いていなかった。車も自転車も一台も通らなかった。

街灯に照らされた歩道の端っこでは、生きてるネズミと死んでるネズミが一匹ずつ光っていた。

空に星はなかった。

◎「満願の秘酒」

【材料】

青梅・・・1kg

氷砂糖・・・800g

ホワイトリカー・・・1・8ℓ

①庭の青梅を収穫する。もしくは傷のない綺麗な青梅を購入する。

②ザルに広げて数日間、黄色くなり甘い香りが匂い立つまで追熟させる。※青梅のままでもいいが、少し追熟させた方が香りがより立って甘みが濃くなる。しかし追熟させすぎると虫がわきやすいので注意。

③梅のヘタを一つずつ竹串などで取り除き、梅をしっかり洗い、綺麗なふきんで水気をよく拭き取る。

④梅の表面を、竹串でプスプスと何箇所か刺す。

⑤殺菌した保存瓶に、梅と氷砂糖を交互に重ね入れ、ホワイトリカーを注ぎ、冷暗所で3ヵ月以上寝かせれば完成。
⑥願いが成就した日に飲む。

食日誌

2021年

2月2日

〈朝〉
起き抜けのカフェオレ（伏木）、起き抜けの白湯（大木）、いつものお粥、ほうれん草のお浸し（根っこつき）、自家製の梅干し、野沢菜の漬物、おかか

〈昼〉
コースで残ったソースを活用した海老と南瓜とスパイスのパスタ

〈夜〉※洋酒を大量購入して特製カクテルで永遠に宴、のち寝落ち
生牡蠣、鰯の刺身
①ジン＋コアントロー＋すり潰した苺＋生搾りレモン
②ジントニック
③ホワイトレディ

2月3日

〈朝〉
起き抜けのカフェオレ（伏木）、起き抜けの白湯（大木）、いつものお粥、小松菜のお浸し（根っこつき）、自家製の梅干し、野沢菜の漬物、おかか

〈昼〉※秩父にて
わらじ丼（秩父の名物料理、どでか豚カツが二枚）、なめこと豆腐と若芽の味噌汁、漬物、山菜そば、を二人でシェア

〈夜〉
蛸と鱈とマッシュルームのオイル鍋、冷やしトマト、ほうれん草のお浸し、鰯の丼、味噌汁
①マルヴァジーアの白ワイン

2月4日

〈朝〉
起き抜けのカフェオレ（伏木）、起き抜けの白湯（大木）、安納芋の焼き芋

〈昼〉
蛸とイカ墨とじゃがいもとチーズのグラタン

〈夜〉※夕方から宴、のち寝落ち
厚岸《あっけし》の生牡蠣、ウマヅラハギの刺身（肝醤油で）、サヨリの刺身、穴子の天ぷら、冷やしトマト、小松菜のお浸し、特大おにぎり（鮭）
①ホワイトレディ
②ジントニック

2月5日

〈朝〉
起き抜けのカフェオレ（伏木）、起き抜けの白湯（大木）、いつものお粥、焼き鮭、自家製梅干し、小松菜のお浸し、おかか

〈昼〉
特大おにぎり（鮭）、じゃがいもの豚肉巻き、出汁巻き卵

〈夜〉
つぶ貝の刺身、鮪のカマ焼き、焼き茄子、お好み焼き
①ジントニック
②ソルティドッグ
③本麒麟

2月6日

〈朝〉
起き抜けのカフェオレ（伏木）、起き抜けの白湯（大木）、いつものお粥、自家製梅干し、小松菜のお浸し、おかか

〈昼〉
鰯とトマトとフェンネルのパスタ

〈夜〉
穴子のふわふわ蒸し実山椒ソース和え（コース料理の試作）、じゃがいもとト

マトと実山椒のサラダ、蕪と柚子の浅漬け、胡瓜のぬか漬

①イタリアのロゼワイン（10種類くらいの葡萄使ってるやつ、美味しい）

2月7日

〈朝〉

起き抜けのカフェオレ（伏木）、起き抜けの白湯（大木）、いつものお粥、自家製梅干し、小松菜のお浸し、おかか

〈昼〉

スパイスカレーうどん

〈夜〉

もち米焼売、ポテトサラダ、トマトの胡麻油和え、キャベツの柚子和え、〆の穴子の小丼（さつま芋天つき）

①グルナッシュの赤ワイン

②本麒麟（お風呂で2本）

③ハートランド

2月8日

〈朝〉

起き抜けのカフェオレ（伏木）、起き抜けの白湯（大木）、いつものお粥、自家製梅干し、小松菜のお浸し、おかか

〈昼〉※外出先での消極的昼食

串カツ8種、ごはん、味噌汁、漬物、温泉卵

〈夜〉

豚肉と野菜とキノコの鍋、〆にうどん

①グルナッシュの赤ワイン

2月9日

〈朝〉

起き抜けのカフェオレ（伏木）、起き抜けの白湯（大木）、蜜柑

〈昼〉

トマトとフェンネルのカッペリーニ

〈夜〉

たっぷり野菜と海老の生春巻き、タイスキ風鍋

①サッポロ黒ラベル

②ハートランド

③グルナッシュの赤ワイン

2月10日

〈朝〉

起き抜けのカフェオレ（伏木）、起き抜けの白湯（大木）、クロワッサン

〈昼〉

納豆、茹で卵、冷やしトマト（瑶子さんとつまらない言い争いをして食欲が湧かなくなった）

〈夜〉

空豆とサフランの茶碗蒸し（試作）、ほうれん草とマッシュルームのバターソテー、空豆の包揚げ（蕗の薹と胡桃と白味噌のソース、試作）

2月11日

〈朝〉

起き抜けのカフェオレ（伏木）、起き抜けの白湯（大木）、いつものお粥、帆立の貝柱、蒸したほうれん草のお浸し、自家製梅干し、おかか

〈昼〉

カレー煮麺、豆もやしと人参とほうれん草のナムル

〈おやつ〉

モスバーガー、ポテト、シェイク

〈夜〉

帆立とセロリの焼売、トマトとグリーンリーフと葡萄のサラダ、空豆の茶碗蒸し、空豆、胡瓜のぬか漬け

①ルカツィテリの琥珀ワイン

②本麒麟

2月12日

〈朝〉

起き抜けのカフェオレ（伏木）、起き抜けの白湯（大木）、いつものお粥、ほうれん草の蕗の薹味噌和え、自家製梅干し、おかか

〈昼〉

鮭の塩焼き、胡瓜と人参とセロリのぬか漬け、セリの味噌汁、白ご飯

〈夜〉

鯵の開き、蒸したスナップエンドウ、ブロッコリーのニンニク炒め、卵ごはん

①ルカツィテリの琥珀ワイン

②マルヴァジーアの白ワイン

③本麒麟

2月13日

〈朝・昼〉

起き抜けのカフェオレ（伏木）、起き抜けの白湯（大木）、豆ごはん、芹とスナップエンドウの味噌汁、回鍋肉、焼き鮭

〈夜〉

醤油ラーメン

①本麒麟

2月14日

〈朝〉

起き抜けのカフェオレ（伏木）、起き抜けの白湯（大木）、いつものお粥、焼き鮭、ほうれん草のお浸し、自家製梅干し、おかか

〈昼〉

鯵の開き、納豆、芹とスナップエンドウの味噌汁、白ご飯、蕪と胡瓜のぬか漬け

〈夜〉

海老フライ、揚げ茄子に玉葱おかか醤油を和えたもの、柚子とスナップエンドウのポテトサラダ、人参と蕪と胡瓜のぬか漬け、塩トマト、ハムエッグ

①白ワイン泡

2月15日

〈朝〉

起き抜けのカフェオレ（伏木）、起き抜けの白湯（大木）、葡萄の白ワインシロップ漬けとパイナップルのヨーグルト、苺

〈昼〉

鶏団子の親子丼、蕪のぬか漬け、菜の花のお浸し

〈夜〉

良い豚肉とほうれん草の鍋、人参と胡瓜のぬか漬け

①ボナルダの赤ワイン

2月16日

〈朝〉

起き抜けのカフェオレ（伏木）、起き抜けの白湯（大木）、葡萄の白ワインシロップ漬けとパイナップルと柚子のヨーグルト、昨晩の鍋の残りでつくったうどん、アスパラガスの薄衣揚げ、蕗の薹ムース和え（試作）

〈昼〉

焼き鮭のおにぎり、梅干しのおにぎり

〈夜〉

イサキと真鯛と黒ムツの刺身、帆立と胡瓜のヨーグルト酢和え、金目鯛の煮付け、もち豚肉の小鍋、がんもどきと野菜の炊き上げ、白ご飯、赤出汁の味噌汁

①オルトゥルーゴの白ワイン

②サッポロ黒ラベル瓶1本

③日本酒大吟醸2種1合ずつ

2月17日

〈朝〉

鯵の干物、鯵のなめろう、茶碗蒸し、カニの味噌汁、蒸し野菜、白ご飯、漬物、海苔、バナナとブルーベリーのスムージー

〈昼〉

蜜柑、肉まん、ビターチョコのソフトクリーム、コーヒー

〈夜〉

鶏肉とさつま芋のスパイスカレー、トマトとスナップエンドウとほうれん草のサラダ、胡瓜と人参の漬物

①オルトゥルーゴの白ワイン

②ボナルダの赤ワイン

2月18日

〈朝〉

起き抜けのカフェオレ（伏木）、起き抜けの白湯（大木）、蜜柑と林檎とセロリのスムージー、いつものお粥、焼き鮭、菜の花のお浸し、蕗の薹とゴマのクリーム和え、自家製梅干し、おかか

〈昼〉

カレーにゅうめん、人参とセロリとスナップエンドウのナムル、パイナップル

〈夜〉

ピーマンと椎茸の肉詰め、ひじきと野菜の煮物、トマトのサラダ、胡瓜のぬか漬け

①パイナップルのカクテル

2月19日

〈朝〉

起き抜けのカフェオレ（伏木）、起き抜けの白湯（大木）、いつものお粥、焼き鮭、蕪の葉のお浸し、自家製梅干し、おかか、ひじきと野菜の煮物

〈昼〉

ひじきチャーハン、ハムエッグ、トマトと葉物のサラダ

〈夜〉

スペアリブと葡萄コンポートの煮込み、トマトとリコッタチーズのサラダ、チーズのクッキー

①柚子と蜜柑のカクテル

②本搾り（グレープフルーツ）

2月20日

〈朝〉

起き抜けのカフェオレ（伏木）、起き抜けの白湯（大木）、いつものお粥、蕪の葉のお浸し、自家製梅干し、ひじきと野菜の煮物、胡瓜のぬか漬け

〈昼〉

焼き鮭、ハムエッグ、ひじきと野菜の煮物、ほうれん草の味噌汁、胡瓜のぬか漬け、白ご飯

〈夜〉

飛び子と蕪のペペロンチーノ

①本麒麟

②グルナッシュの赤ワイン

2月21日

〈朝〉

起き抜けのカフェオレ（伏木）、起き抜けの白湯（大木）、いつものお粥、蕪の葉のお浸し、蕪の浅漬け、自家製梅干し、おかか、ひじきと野菜の煮物

〈昼〉

地鶏の親子丼、胡瓜のぬか漬け

〈夜〉

豆豉のミネストローネ（ショートパスタいれたやつ）

①ハートランド

②グルナッシュの赤ワイン

〈デザート〉

バスクチーズケーキ

2月22日

〈朝〉

起き抜けのカフェオレ（伏木）、起き抜けの白湯（大木）、焼き芋、バスクチーズケーキ

〈昼〉

ひっぱりトマト蕎麦

〈夜〉

鱈ちり鍋、蛸とじゃがいもとトマトのアヒージョ、胡瓜のぬか漬け、ゴルゴンゾーラとエダムチーズの塩クッキー

①本麒麟

②ハートランド

2月23日

〈朝〉

起き抜けのカフェオレ（伏木）、起き抜けの白湯（大木）、いつものお粥、ほうれん草のお浸し、胡瓜のぬか漬け、自家製梅干し、飛び子

〈昼〉

舞茸の炊き込みご飯、小松菜と卵の味噌汁、極太アスパラの肉巻き

〈夜〉

ブラウンマッシュルームと舞茸と椎茸とディルのクリームパスタ

①アルザスのシルヴァネール白ワイン

2月24日

〈朝〉

起き抜けのカフェオレ（伏木）、起き抜けの白湯（大木）、バスクチーズケーキ

〈昼〉

ひっぱりトマト蕎麦、ほうれん草の胡麻和え、胡瓜のぬか漬け

〈夜〉

豆豉のミネストローネ（ショートパスタいれたやつ）、厚揚げと小松菜のステーキ

①ヴェネトの白ワイン（数種類の葡萄を使ったやつ）

②アルザスのシルヴァネール白ワイン

2月25日

〈朝〉

起き抜けのカフェオレ（伏木）、起き抜けの白湯（大木）、豆豉のミネストローネ（昨晩の残り、旨味が増した気がする）、バスクチーズケーキ

〈昼〉

ブラウンマッシュルームと舞茸と椎茸のポタージュ

〈夜〉

しらすのピザ、ブイヤベース

①キリン一番搾り

2月26日

〈朝・昼〉

起き抜けのカフェオレ（伏木）、起き抜けの白湯（大木）、いつものお粥、焼き鮭、蕪の葉の胡麻和え、胡瓜のぬか漬け、自家製梅干し、葡萄、伊予柑

〈夜〉※魚屋で新鮮な魚介を入手し海鮮祭り

生牡蠣、鰯とツブ貝の二色丼、空豆、小松菜の味噌汁（卵も落とした）

①マルヴァジーアの白ワイン

②サッポロ黒ラベル

2月27日

〈朝〉

起き抜けのカフェオレ（伏木）、起き抜けの白湯（大木）、いつものお粥、蕪の葉の胡麻和え、自家製梅干し、おかか、飛び子

〈昼〉
魚介のスパイスご飯
〈夜〉
空豆、蕪のぬか漬け、魚介のスパイスご飯
①マルヴァジーアの白ワイン

2月28日

〈朝〉
起き抜けのカフェオレ（伏木）、起き抜けの白湯（大木）、いつものお粥、蕪の葉の胡麻和え、自家製梅干し、おかか、飛び子
〈昼〉
イカ墨と蛸と鱈のリゾット
〈夜〉※1週間お疲れさまの宴
鶏胸肉のハム、生牡蠣、北寄貝の刺身、帆立の刺身、ウマズラハギの刺身（肝醤油で）、熱々の白ご飯、小松菜の味噌汁
①アルザスのシルヴァネール白ワイン
②ヴェネトの白ワイン（数種類の葡萄を使ったやつ）
③ハートランド

3月1日

〈朝〉
起き抜けのカフェオレ（伏木）、起き抜けの白湯（大木）、伊予柑のヨーグルト
〈昼〉
鶏肉と蕪の葉のドライカレー風炒飯、水菜とリコッタチーズに蜜柑のソースを和えたサラダ、マッシュルームと舞茸と椎茸のポタージュ
〈夜〉
北寄貝の刺身、黒毛和牛のビーフシチュー、パン
①マルヴァジーアの白ワイン
②グルナッシュの赤ワイン
③本麒麟

3月2日

〈朝〉
起き抜けのカフェオレ（伏木）、起き抜けの白湯（大木）、胡瓜のサンドイッチ、鶏ハムと水菜とキウイとリコッタチーズに蜜柑のソースを和えたサラダ
〈昼〉※試作を兼ねた食事
芽キャベツとスナップエンドウと紫蘇とブロッコリーのポタージュ、スペアリブと葡萄のスパイス煮、具沢山スパイスブイヤベース
〈夜〉※瑶子さんは車で実家へ帰省してしまい一人のご飯
海老クリームのペンネ
①マルヴァジーアの白ワイン
②アルザスのシルヴァネール白ワイン

3月3日

〈朝〉※瑶子さんは車で実家へ帰省してしまい一人のご飯
起き抜けのカフェオレ（伏木）、芽キャベツとスナップエンドウと紫蘇とブロッコリーのポタージュ
〈昼〉
牛テール肉とディルとトマトと菜の花のパスタ
〈夜〉※横浜へ食材を買いに行った帰りに中華街で夕食
揚げ餃子、海老のクレープ蒸し、大根餅、海老と豆豉の炒め物、スペアリブの黒大豆煮、五目そば、海老のウエハース巻き
①エビスビール

3月4日

〈朝〉
起き抜けのカフェオレ（伏木）、起き抜けの白湯（大木）、芽キャベツとスナップエンドウと紫蘇とブロッコリーのポタージュ

〈昼〉
鮭と大葉のおにぎり（仕込みで忙しかったのでちゃちゃっと簡単なやつを）

〈夜〉
白アスパラの包み揚げ、人参とほうれん草ともやしのゴマ和えナムル、塩トマト、鶏ハムと胡瓜のサンドイッチ
①サッポロ黒ラベル
②マルヴァジーアの白ワイン

3月5日

〈朝〉
起き抜けのコーヒー（伏木）、起き抜けの白湯（大木）、いつものお粥、蕪の葉の胡麻和え、自家製梅干し、おかか

〈昼〉
白アスパラガスの包み揚げ、蕗の薹のソース、さつま芋のスコーン、ゴルゴンゾーラのクッキー

〈夜〉
スペアリブと葡萄のスパイス煮、ブロッコリーと椎茸のニンニク炒め、厚切りベーコンのハムエッグ、塩トマト
①ハートランド
②マルヴァジーアの白ワイン

3月6日

〈朝〉
起き抜けのカフェオレ（伏木）、起き抜けの白湯（大木）、いつものお粥、蕪の葉の胡麻和え、自家製梅干し、おかか

〈昼〉
鰯の刺身、帆立の刺身、白ご飯、ほうれん草の味噌汁、蕪のぬか漬け

〈夜〉
豚しゃぶの鍋、鰯の刺身、帆立の刺身
①日本酒（熱燗）
②本麒麟
③アルザスのリースリング白ワイン
④マルヴァジーアの白ワイン

3月7日

〈朝〉
起き抜けのカフェオレ（伏木）、起き抜けの白湯（大木）、昨晩の豚しゃぶの鍋の残りで作ったおじや、蕪のぬか漬け

〈昼〉
かますの塩焼き、納豆、蕪のぬか漬け、ほうれん草の味噌汁、白ご飯

〈夜〉
蕗の薹の天ぷら、スナップエンドウの天ぷら、エシャレットの天ぷら、かますの塩焼き、かき揚げ蕎麦
①ガルガーネガの白ワイン
②本麒麟

3月8日

〈朝・昼〉※仕込みでバタバタしてたので朝昼一緒
起き抜けのカフェオレ（伏木）、起き抜けの白湯（大木）、帆立の貝柱の中華粥、かますの塩焼き、鰯の刺身、菜の花のお浸し

〈夜〉
あんこう鍋（肝多め）、鍋の残りでつくった雑炊
①オルトゥルーゴの白ワイン
②本麒麟

3月9日

〈朝〉
起き抜けのカフェオレ（伏木）、起き抜けの白湯（大木）、葡萄と伊予柑のヨーグルト、マッシュルームとほうれん草のオムレツ
〈昼〉
鯛の刺身、かますの塩焼き、ほうれん草の味噌汁、白ご飯
〈夜〉
ミートソーススパゲティー（義母サチコによる冷凍ストック、とても助かる）
①マルヴァジーアの白ワイン

3月10日
〈朝・昼〉※仕込みでバタバタしてたので朝昼一緒
起き抜けのカフェオレ（伏木）、起き抜けの白湯（大木）、鯛の刺身、蛸の刺身、白ご飯、蕪の葉のお浸し、納豆
〈夜〉
鯛のマリネ、ゴルゴンゾーラチーズのクッキー、鱈と白菜の旨煮風中華丼
①コルヴィーナ、ロンディネッラ、モリナーラ、カベルネ、サンジョヴェーゼの赤ワイン
②サペラヴィの赤ワイン
③マルヴァジーアの白ワイン

3月11日
〈朝〉
起き抜けのカフェオレ（伏木）、起き抜けの白湯（大木）、いつものお粥、ほうれん草と豆もやしのナムル、自家製梅干し、おかか
〈昼〉
白菜とほうれん草の卵とじ蕎麦
〈夜〉
鯛の出汁でつくったスープカレー（伏木担当）
①ハートランド
②マルヴァジーアの白ワイン
③柚子と金柑とジンとコアントローでつくったカクテル
〈デザート〉
酒粕のムース

3月12日
〈朝〉
起き抜けのカフェオレ（伏木）、起き抜けの白湯（大木）、鯛の贅沢味噌汁
〈昼〉
焼き芋、芽キャベツと紫蘇とスナップエンドウとブロッコリーのポタージュ
〈おやつ〉
酒粕のムース、アマレットのジェラート、苺のスープ
〈夜〉※仕込みが終わった後の家居酒屋メニュー
ボタン海老の刺身、蕗の薹のポテトサラダ、胡瓜の胡麻酢和え、蕪と胡瓜のぬか漬け、サラミ、豚レバーのスモーク、鶏の手羽元のスモーク、クラッカー、ホッケの塩焼き
①本麒麟
②マルヴァジーアの白ワイン

3月13日
〈朝〉
起き抜けのカフェオレ（伏木）、起き抜けの白湯（大木）、いつものお粥、ほうれん草のナムル、蕪の浅漬け、自家製梅干し、おかか
〈昼〉
マッシュルームのオムライス、葡萄とグリーンリーフのサラダ
〈夜〉
鯛と海老の出汁でつくったスープカレ

ー（伏木担当）
①エビスビール
②本麒麟
③マルヴァジーアの白ワイン

3月14日
〈朝〉
起き抜けのカフェオレ（伏木）、起き抜けの白湯（大木）、いつものお粥、蕪の浅漬け、自家製梅干し、おかか
〈昼〉
鯛の刺身、カマスの塩焼き、鯛と海老の味噌汁、ほうれん草の胡麻和え
〈夜〉
鯛めし、鯛と海老の味噌汁、蕪と胡瓜のぬか漬け
①本麒麟

3月15日
〈朝〉
起き抜けのカフェオレ（伏木）、起き抜けの白湯（大木）、いつものお粥、蕪の浅漬け、自家製梅干し、おかか
〈昼〉
醤油ラーメン（味玉、野菜炒め乗せた）
〈夜〉
山盛りフライドポテト、鰈のフライのニンニク甘酢ソース
①本麒麟

3月16日
〈朝〉
おにぎり（梅干しとおかか）
〈昼〉
牛肉と野菜の薬膳カレー（伏木）、野菜の薬膳カレー（大木）
〈夜〉
鰈の煮付け、冷やしトマト、ベビーリーフと伊予柑とキウイのサラダ
①ハートランド

3月17日
〈朝〉
起き抜けのカフェオレ（伏木）、起き抜けの白湯（大木）、いつものお粥、ほうれん草の胡麻和え、自家製梅干し、おかか
〈昼〉
海老カツタルタルソースのパン
〈夜〉
ホタルイカのアヒージョ、ホタルイカのアヒージョの残ったスープでつくったリゾット、ホタルイカの酢味噌和え、太刀魚の刺身、生牡蠣、焼きなす、春キャベツのレモン和え、冷やしトマト
①マルヴァジーアの白ワイン
②グルナッシュの赤ワイン
③ハートランド

3月18日
〈朝〉
起き抜けのカフェオレ（伏木）、起き抜けの白湯（大木）、大納言小豆のパン、苺スープヨーグルト
〈昼〉
ホタルイカと春キャベツのペペロンチーノ（伏木担当）
①マルヴァジーアの白ワイン
〈夜〉
（食べなかった）

3月19日
〈朝〉
起き抜けのカフェオレ（伏木）、起き抜けの白湯（大木）、大納言小豆のパン
〈昼〉

ホットケーキ、海老のタルタルソースのサンドイッチ

〈夜〉

かますと春野菜のオーブン焼き、鰈の竜田揚げの生姜とニンニクの甘酢ソースかけ、山盛り千切りキャベツ

①サヴォワ地方のロゼワイン（ボトル）

3月20日

〈朝〉

起き抜けのカフェオレ（伏木）、起き抜けの白湯（大木）、いつものお粥、ほうれん草のお浸し、自家製梅干し、おかか

〈昼〉

カマスの塩焼き、納豆、若芽の味噌汁、胡瓜と蕪のぬか漬け、白ご飯

〈夜〉

豆豉とカニのミネストローネ（ショートパスタ入り）、鯛の刺身

①マルヴァジーアの白ワイン

3月21日

〈朝〉

起き抜けのカフェオレ（伏木）、起き抜けの白湯（大木）、いつものお粥、蕪の葉の胡麻和え、自家製梅干し、おかか

〈昼〉

カレーチャーハン、若芽の味噌汁

〈夜〉

穴子の天ぷら、人参のかき揚げ、鯛の刺身、鯛のマリネ、冷やしトマト、胡瓜と若芽の酢の物、かけ蕎麦（伏木は途中で寝落ちしたので大木のみ）

①サヴォワ地方のロゼワイン

②コルヴィーナ、ロンディネッラ、モリナーラ、カベルネ、サンジョヴェーゼの赤ワイン

③ハートランド

3月22日

〈朝〉

鯛めし、ほうじ茶

〈昼〉

鯛めし、若芽のお吸い物、胡瓜のぬか漬け

〈夜〉

鯛の出汁でつくったスープカレー（伏木担当）、蕗の薹味噌、胡瓜と人参の糠漬け

①ハートランド

3月23日

〈朝〉

起き抜けのカフェオレ（伏木）、起き抜けの白湯（大木）、いつものお粥、蕪の葉の胡麻和え、自家製梅干し、おかか

〈昼〉

焼き鮭、納豆、白ご飯、新若芽の味噌汁、ひじきと人参とこんにゃくの煮物

〈夜〉

鰯と鯛の丼、若芽の味噌汁、人参と胡瓜の糠漬け

①マルヴァジーアの白ワイン

②ガルガーネガの白ワイン

③日本酒熱燗

3月24日

〈朝〉

起き抜けのカフェオレ（伏木）、起き抜けの白湯（大木）、いつものお粥、蕪の葉とスナップエンドウの和え物、自家製梅干し、おかか、ひじきと人参とこんにゃくの煮物

〈昼〉

野菜たっぷりの醤油ラーメン

〈夜〉

エシャレットと大葉のかき揚げ、鯛のカマ焼き、鯛めし、人参と胡瓜の糠漬け

①ガルガーネガの白ワイン

②ハートランド

3月25日

〈朝〉

起き抜けのカフェオレ（伏木）、起き抜けの白湯（大木）、スモークサーモンとディルとトマトとクリームチーズのサンドイッチ（お客さんからお土産で頂いたドイツパンでつくった）

〈昼〉

鯛めし、若芽と卵と豆板醤のチゲスープ

〈夜〉

穴子と鰆の大葉巻きの天丼、海老の鬼殻焼き、豚レバーペーストのクラッカー乗せ、おぼろ豆腐、胡瓜と人参と蕪のぬか漬け

①グルナッシュの赤ワイン

②ハートランド

3月26日

〈朝〉

起き抜けのカフェオレ（伏木）、起き抜けの白湯（大木）、鯛めし

〈昼〉

野菜たっぷりカレー蕎麦

〈おやつ〉

ハーゲンダッツ（抹茶）

〈夜〉

豚ヒレカツ、キャベツの千切り、トマト、白ご飯、豚レバーペーストのクラッカー乗せ、蕪と胡瓜と人参のぬか漬け

①キシの琥珀ワイン

②本麒麟

3月27日

〈朝〉

起き抜けのカフェオレ（伏木）、起き抜けの白湯（大木）、マッシュルームのオムレツ、春キャベツと紫蘇とブロッコリーとスナップエンドウのポタージュ、苺スープヨーグルト

〈おやつ〉

苺、せとか

〈昼〉

鰯の刺身、鱈子、大粒納豆、白ご飯、若芽の味噌汁

〈夜〉※閉店後に外食

あご出汁ラーメン（伏木）、醤油ラーメン（大木）、焼売

3月28日

〈朝・昼〉

起き抜けのカフェオレ（伏木）、起き抜けの白湯（大木）、いつものお粥、ほうれん草のナムル、鱈子、自家製梅干し、おかか

〈昼〉

鯛と鰯のちらし寿司

〈夜〉

生牡蠣、つぶ貝の刺身、ミネストローネ

①チャレロ、パレリャータの白ワイン

②マルヴァジーアの白ワイン

③キシの琥珀ワイン

3月29日

〈朝〉

起き抜けのカフェオレ（伏木）、起き抜けの白湯（大木）、いつものお粥、ほうれん草のナムル、自家製梅干し、

おかか

〈昼〉
イカ墨と鰆のリングイーネ
①マルヴァジーアの白ワイン

〈夜〉
キンパ、鯛の刺身、空豆
①サペラヴィの赤ワイン
②コルヴィーナ、ロンディネッラ、モリナーラ、カベルネ、サンジョヴェーゼの赤ワイン

3月30日

〈朝〉
起き抜けのカフェオレ（伏木）、起き抜けの白湯（大木）、葡萄とせとかのヨーグルト

〈昼〉
納豆チャーハン、トマトのサラダ

〈夜〉
お好み焼き、トマトの柑橘ソース
①本麒麟

3月31日

〈朝・昼〉※公園にて
起き抜けのカフェオレ（伏木）、起き抜けの白湯（大木）、ベーコンエピ、コロッケパン、きな粉パン、ミルククリームパン

〈昼・夜〉※4時くらい、外食
かけうどん、野菜天、ちくわ天

〈帰宅後の夜〉
①本麒麟

4月1日

〈朝〉
起き抜けのカフェオレ（伏木）、起き抜けの白湯（大木）、鯛めし

〈昼〉※伏木、実家にて
牛蒡とこんにゃくの煮物、スパムソーセージのソテー、生野菜のサラダ、白ご飯、カニの味噌汁

〈夜〉※伏木、実家にて
伏木父がつくった骨つき鶏肉のカレー、生野菜のサラダ
①麦とホップ
②実家の自家製梅酒

〈夜〉※大木
甘海老の刺身、北寄貝の刺身、帆立の刺身、トマトのサラダ、蕪と胡瓜と人参のぬか漬け、ほうれん草の納豆昆布和え、自家製もちもち餃子

4月2日

〈朝〉※伏木、実家にて
フレンチトースト、自家製ジャムのヨーグルト、コーヒー

〈朝〉※大木
起き抜けの白湯、焼き鮭、白ご飯、納豆、蕪と胡瓜と人参のぬか漬け、目玉焼き、ほうれん草の味噌汁

〈昼〉※伏木、実家にて
薬味大盛りうどん、ほうれん草の卵焼き、ベーコンと生野菜のサラダ

〈昼〉※大木
チャイ、クッキー

〈夜〉※外食
ネパール料理のフルコース

4月3日

〈朝〉
起き抜けのカフェオレ（伏木）、起き抜けの白湯（大木）、いつものお粥、春キャベツととろろ昆布の甘酢和え、蕪の葉の胡麻和え、自家製梅干し、おかか

〈昼〉
甘海老の刺身、自家製餃子、トマトの柑橘のサラダ、スペアリブのスパイス

煮
①マルヴァジーアの白ワイン
②本麒麟
〈夜〉※知人と外食
豚平焼き、茗荷豆腐、麻婆豆腐、アホきつね、フライドポテト
①生ビール
②ジンジャーハイボール

4月4日
〈朝〉
起き抜けのカフェオレ（伏木）、起き抜けの白湯（大木）、いつものお粥、筍の姫皮の煮物（昨日から下茹でしておいたもの）、蕪の葉の胡麻和え、とろろ昆布、自家製梅干し、おかか、グレープフルーツジュース
〈昼〉
筍の天ぷら、かますの塩焼き、素麺
〈おやつ〉
苺のショートケーキ（大木が手作り）
〈夜〉
筍ご飯、空豆、甘海老の刺身、ブロッコリーのニンニク炒め
①マルヴァジーアの白ワイン
②本麒麟

4月5日
〈朝〉
起き抜けのカフェオレ（伏木）、起き抜けの白湯（大木）、苺のショートケーキ
〈昼〉
筍ご飯、若芽と油揚げの味噌汁
〈夜〉
鯛の出汁でつくったスープカレー（伏木担当）、有頭海老のトマトスパイスソースサラダ
①マルヴァジーアの白ワイン
②本麒麟

4月6日
〈朝〉
起き抜けのカフェオレ（伏木）、起き抜けの白湯（大木）、いつものお粥、筍と三つ葉の卵とじ、焼き鮭、とろろ昆布、自家製梅干し
〈昼〉
豚ひき肉と筍のスパイス丼、酢漬け春キャベツと胡瓜
〈夜〉
有頭海老のエスニックカレー
①サペラヴィの赤ワイン
②本麒麟

4月7日
〈朝〉
起き抜けのカフェオレ（伏木）、起き抜けの白湯（大木）、生姜のスポンジケーキ、自家製苺ジャムヨーグルト
〈昼〉
有頭海老のエスニックにゅうめん
〈夜〉
肉じゃが、筍ご飯、厚揚げのステーキ、大根と胡瓜と人参のぬか漬け
①グルナッシュの赤ワイン
②本麒麟
〈デザート〉
ハーゲンダッツ（抹茶）

4月8日
〈朝〉
起き抜けのカフェオレ（伏木）、起き抜けの白湯（大木）、いつものお粥、蕨とお揚げの炊き合わせ、自家製の蕗味噌、焼き鮭、自家製梅干し、おかか
〈昼〉
筍ご飯、筍と蕗と三つ葉の卵とじ、か

ますの塩焼き、納豆とトマトと紫蘇の和え物、大根のぬか漬け

〈夜〉

自家製餃子、チーズとクラッカー、空豆、人参と蕪と胡瓜のぬか漬け

①グルナッシュの赤ワイン

②本麒麟

4月9日

〈朝〉

起き抜けのカフェオレ（伏木）、起き抜けの白湯（大木）、ジャムトースト

〈昼〉

鯛と鰯の丼

〈夜〉

豚肉と春キャベツの卵とじ、鰯の刺身、大根と厚揚げの炊いたん、じゃがいものガレット、鱈子、白ご飯

①グルナッシュの赤ワイン

②本麒麟

4月10日

〈朝〉

起き抜けのカフェオレ（伏木）、起き抜けの白湯（大木）、いつものお粥、自家製の蕗味噌、鱈子、蕪の葉の胡麻和え、自家製梅干し、おかか

〈昼〉

ひっぱり蕎麦、ほうれん草のお浸し（根っこつき）、冷奴、大根と胡瓜のぬか漬け

〈夜〉

麻婆豆腐丼、鯛の刺身

①クラフナの琥珀ワイン

②シャルドネ、ルーサンヌ、グルナッシュブランの白ワイン

③グルナッシュの赤ワイン

4月11日

〈朝〉

起き抜けのカフェオレ（伏木）、起き抜けの白湯（大木）、胡瓜とトマトのサンドイッチ、苺のヨーグルト

〈昼〉

サクラマスの塩焼き、麻婆豆腐、ほうれん草と人参のナムル、納豆、胡瓜と大根と人参のぬか漬け、ほうれん草と春キャベツの味噌汁、白ご飯

〈夜〉

スペアリブのスパイス煮込み、イクラとツブ貝の丼、ほうれん草の味噌汁

①サヴォワ地方のロゼワイン

②ガルガーネガの白ワイン

③シャルドネ、ルーサンヌ、グルナッシュブランの白ワイン（伏木）

④日本酒熱燗（大木）

4月12日

〈朝〉

起き抜けのカフェオレ（伏木）、起き抜けの白湯（大木）、卵かけご飯、明太子

〈昼〉

なし

〈おやつ〉※外食

みたらし団子、レモンタルトパイ、キャロットケーキ、コーヒー（伏木）、コーヒー牛乳（大木）

〈夜〉※外食

しらすとスズキの丼（伏木）、舌平目の煮付け、しらすのクリームコロッケ

①生ビール（大木）

4月13日

〈朝〉

起き抜けのカフェオレ（伏木）、起き抜けの白湯（大木）、いつものお粥、釜揚げしらす、蕪の葉の胡麻和え、胡

瓜と蕪と人参のぬか漬け、自家製梅干し、おかか
〈昼〉
トマトと豚肉とスパイスのパスタ
①クラフナの琥珀ワイン（伏木）
〈夜〉
鯛の刺身、若竹煮、人参と胡瓜と蕪のぬか漬け、鯛めし
①シャルドネ、ルーサンヌ、グルナッシュブランの白ワイン（伏木）

4月14日
〈朝〉
起き抜けのカフェオレ（伏木）、起き抜けの白湯（大木）、鯛めし、若竹煮
〈昼〉
鯛めし、若竹煮
〈おやつ〉
チーズケーキ、ラプサンスーチョン
〈夜〉
しらすと飛び子のペペロンチーノ
①シャルドネ、ルーサンヌ、グルナッシュブランの白ワイン（伏木）
②クラフナの琥珀ワイン（伏木）
〈デザート〉
チョコレートケーキ、ラプサンスーチョン

4月15日
〈朝〉
起き抜けのカフェオレ（伏木）、起き抜けの白湯（大木）、クロワッサン
〈昼〉
カリッとしてモチッっとしてプチッとした球体（試作）、豆豉とトマトのクリームパスタ
〈夜〉
豆腐と鶏肉のハンバーグ、筍と芹の卵とじ、冷奴、白ご飯
①シャルドネ、ルーサンヌ、グルナッシュブランの白ワイン（伏木）

4月16日
〈朝〉
起き抜けのカフェオレ（伏木）、起き抜けの白湯（大木）、クロワッサン、いつものお粥、明太子、蕪の葉の胡麻和え、自家製梅干し、おかか
〈昼〉※仕込みで忙しく簡単に済ませる
卵かけご飯、キムチ、明太子
〈夜〉
鯛の出汁でつくったスープカレー（伏木担当）
①シャルドネ、ルーサンヌ、グルナッシュブランの白ワイン
②グルナッシュの赤ワイン
〈デザート〉
モンブラン

4月17日
〈朝〉
起き抜けのカフェオレ（伏木）、起き抜けの白湯（大木）、いつものお粥、鶏ハム、蕪の葉の胡麻和え、自家製梅干し、おかか、キムチ
〈昼〉
海老と蕗の薹と人参とさつま芋の天丼、胡瓜の糠漬け、鯛のあら汁
〈夜〉
湯豆腐、鶏ハム、鯛の刺身、人参の天ぷら
①マルヴァジーアの白ワイン

4月18日
〈朝〉
起き抜けのカフェオレ（伏木）、起き抜けの白湯（大木）、いつものお粥、ほうれん草の胡麻和え、胡瓜と人参の

ぬか漬け、自家製梅干し、おかか

〈昼〉

具沢山カレー蕎麦

〈夜〉

帆立のバター焼き、鯛と鰯の丼

①サヴォワ地方のロゼワイン

②グルナッシュの赤ワイン

4月19日

〈朝〉

起き抜けのカフェオレ（伏木）、起き抜けの白湯（大木）、いつものお粥、鶏ハム、蕗味噌、胡瓜のぬか漬け、蕪の浅漬け、自家製梅干し、おかか

〈昼〉

春キャベツとブロッコリーと紫蘇とスナップエンドウのクリームパスタ（伏木担当）、ラプサンスーチョン、柚子茶

〈夜〉

トマトと紫蘇のお好み焼き

①サッポロサクラビール

②本麒麟

4月20日

〈朝〉

起き抜けのカフェオレ（伏木）、起き抜けの白湯（大木）、いつものお粥、鶏ハム、蕗味噌、蕪の胡麻和え、自家製梅干し、おかか、キムチ

〈昼〉

冷やし中華（今年初）

〈夜〉※疲れてつくる気力を失ったので簡単な食事にした

海老の鬼殻焼き、キムチ

①バルベーラとボナルダの赤ワイン

4月21日

〈朝〉

起き抜けのカフェオレ（伏木）、起き抜けの白湯（大木）、いつものお粥、ほうれん草の胡麻和え、自家製梅干し、おかか

〈昼〉

鰯とイカの丼、焼き鮭、若芽と油揚げの味噌汁、胡瓜と蕪と人参のぬか漬け

〈夜〉

具沢山ミネストローネ（ショートパスタ入り）、スペアリブのスパイス煮

①ガルガーネガの白ワイン

②コルヴィーナ、ロンディネッラ、モリナーラ、カベルネ、サンジョヴェーゼの赤ワイン

③グルナッシュの赤ワイン

〈デザート〉※お客さんからお土産でいただく

桜餅、ちまき、五穀米のおはぎ

4月22日

〈朝〉

起き抜けのカフェオレ（伏木）、起き抜けの白湯（大木）、ツイストドーナツ

〈昼〉

鶏団子の親子丼、若芽の味噌汁、ルネッサンストマト（農家のお客さんからいただいた果実のように甘いトマト）

〈夜〉

唐揚げ、餃子、コールスローサラダ、イカと茄子の煮物

①エビスビール

②本麒麟

4月23日

〈朝〉

起き抜けのカフェオレ（伏木）、起き抜けの白湯（大木）、いつものお粥、焼き鮭、蕪の葉の胡麻和え、自家製梅干し、おかか

〈昼〉
春キャベツとブロッコリーと紫蘇とスナップエンドウのクリームパスタ（伏木担当）
〈夜〉
チョリソーとドライトマトのピザ
①サヴォワ地方のロゼワイン
②シルヴァネール、ピノ・ブランの白ワイン
③本麒麟

4月24日

〈朝〉
起き抜けのカフェオレ（伏木）、起き抜けの白湯（大木）、いつものお粥、焼き鮭、ほうれん草の胡麻和え、自家製梅干し、おかか
〈昼〉
カンパチとスルメイカの丼、蕪と胡瓜のぬか漬け、ルネッサンストマト
〈夜〉
緑黄色野菜のナンプラー炒め、カンパチの刺身
①サヴォワ地方のロゼワイン
②シャルドネ、ルーサンヌ、グルナッシュブランの白ワイン

4月25日

〈朝〉
起き抜けのカフェオレ（伏木）、起き抜けの白湯（大木）、いつものお粥、ほうれん草の胡麻和え、自家製梅干し、おかか
〈昼〉
カンパチの刺身、野菜炒め、白ご飯、納豆、冷奴、蕪と胡瓜と人参のぬか漬け、ルネッサンストマト
〈夜〉
鯛めし、鯛のカマ焼き、筍とホワイトアスパラガスと三つ葉の卵とじ、カンパチの刺身
①サヴォワ地方のロゼワイン
②シャルドネ、ルーサンヌ、グルナッシュブランの白ワイン
③ルカツィテリの琥珀ワイン

4月26日

〈朝〉
起き抜けのカフェオレ（伏木）、起き抜けの白湯（大木）、いつものお粥、カンパチの胡麻和え、自家製梅干し、おかか、ルネッサンストマト

〈昼〉※外食、高速のサービスエリアにて
牛丼と漬物と生卵と味噌汁のセット（伏木）、きつねうどん（大木）
〈夜〉※外食、高速のサービスエリアにて
おろし唐揚げ定食（伏木）、餃子ともやし（大木）

4月27日

〈朝〉
起き抜けのカフェオレ（伏木）、起き抜けの白湯（大木）、いつものお粥、蕪の葉の胡麻和え、自家製梅干し、おかか、蕗味噌、パイナップル、清見オレンジ
〈昼〉※外食、湯島にて
小海老カレー
〈夜〉※外出して疲れたので、ちょっと良い宅配ピザを頼んだ
チョリソーとドライトマトのピザ
①ハートランド

4月28日

〈朝〉
起き抜けのカフェオレ（伏木）、起き抜けの白湯（大木）、いつものお粥、蕪の葉の胡麻和え、自家製梅干し、お

かか

〈昼〉

蕪とパプリカとブロッコリーの蒸し野菜（オリーブオイルと塩で）、パイナップル、苺

〈夜〉

イカと茄子の煮物、新じゃがいものガーリック炒め、鮭のおにぎり

①ルカツィテリの琥珀ワイン

②サペラヴィの赤ワイン

4月29日

〈朝〉

起き抜けのカフェオレ（伏木）、起き抜けの白湯（大木）、いつものお粥、焼き鮭、蕪の葉の胡麻和え、自家製梅干し、おかか

〈昼〉

野菜たっぷり醤油らーめん（伏木）、野菜たっぷり冷やし中華（大木）

（らーめんと冷やし中華が一袋ずつ余っていたので別々に）

〈夜〉

豚肉と野菜とキノコと豆腐の鍋（シークワーサー唐辛子でピリ辛に）、蕪の浅漬け

①サペラヴィの赤ワイン

4月30日

〈朝〉

起き抜けのカフェオレ（伏木）、起き抜けの白湯（大木）、いつものお粥、蕪の葉の胡麻和え、自家製梅干し、おかか

〈昼〉

野菜のかき揚げ、えのき茸の天ぷら、釜玉うどん

〈夜〉

鯛の出汁で作ったスープカレー、トマトの和風サラダ

①ハートランド

5月1日

〈朝〉

起き抜けのカフェオレ（伏木）、起き抜けの白湯（大木）、いつものお粥、蕪の葉の胡麻和え、自家製梅干し、おかか

〈昼〉

鯛出汁雑炊、鶏ハム

〈夜〉

鶏ハムの棒棒鶏、具沢山皿うどん

①グルナッシュの赤ワイン

②サペラヴィの赤ワイン

5月2日

〈朝〉

起き抜けのカフェオレ（伏木）、起き抜けの白湯（大木）、いつものお粥、飛び子、蕪の葉の胡麻和え、自家製梅干し、おかか

〈昼〉

炒飯、冷やしトマト

〈おやつ〉

ロールケーキ

〈夜〉

ズワイガニの蒸し料理、ピリ辛棒棒鶏、鯛のマリネ

①グルナッシュの赤ワイン

〈デザート〉

ロールケーキ

5月3日

〈朝〉

起き抜けのカフェオレ（伏木）、起き抜けの白湯（大木）、いつものお粥、蕪の葉の胡麻和え、生姜の佃煮、自家製梅干し、おかか

〈昼〉
海老とたらの芽とスナップエンドウの天ぷらを乗せた冷やしうどん（出汁も丁寧にとったらとても美味しくできた）
〈おやつ〉
ロールケーキ
〈夜〉
蕗味噌と鶏ハムのサラダ、豚しゃぶ、〆の雑炊
①本麒麟

5月4日

〈朝〉
起き抜けのカフェオレ（伏木）、起き抜けの白湯（大木）、いつものお粥、蕗味噌、生姜の佃煮、蕪の浅漬け、蕪の葉の胡麻和え、自家製梅干し、おかか
〈昼〉
春野菜のピラフ、肉じゃが、トマト、胡瓜のぬか漬け
〈夜〉
肉団子と野菜の甘酢ソース、肉じゃが
①マルヴァジーアの白ワイン
〈デザート〉
ロールケーキ

5月5日

〈朝〉
起き抜けのカフェオレ（伏木）、起き抜けの白湯（大木）、いつものお粥、蕗味噌、春菊のお浸し、生姜の佃煮、自家製梅干し、おかか
〈昼〉
焼きハラス、肉じゃが、明太子、納豆（大粒）、蕗味噌、若芽の味噌汁、白ご飯
〈夜〉
メンチカツ、若芽とお揚げの味噌汁、胡瓜と人参と蕪のぬか漬け、白ご飯
①本麒麟

5月6日

〈朝〉
起き抜けのカフェオレ（伏木）、起き抜けの白湯（大木）、いつものお粥、蕗味噌、蕪の葉の胡麻和え、生姜の佃煮、自家製梅干し、おかか
〈昼〉
ネギトロ巻き（魚屋で購入）
〈夜〉※仕入れの帰りに中華街で外食
家鴨のパリパリ焼き、湯葉の春巻き、椎茸焼売、水餃子、葱ソバ
〈デザート〉
杏仁ソフトクリーム

5月7日

〈朝〉
起き抜けのカフェオレ（伏木）、起き抜けの白湯（大木）、いつものお粥、蕗味噌、蕪の葉の胡麻和え、生姜の佃煮、自家製梅干し、おかか
〈昼〉
パプリカと蕪の蒸し野菜、蒸し野菜まん
〈夜〉
牛すき焼き
①グルナッシュの赤ワイン
②サッポロ黒ラベル
③本麒麟

5月8日

〈朝〉
起き抜けのカフェオレ（伏木）、起き抜けの白湯（大木）、いつものお粥、きのことほうれん草の卵とじ、蕗味噌、蕪の葉の胡麻和え、生姜の佃煮、自家

製梅干し、おかか

〈昼〉

すき焼きうどん、トマトの塩エノキ昆布ドレッシングがけ

〈夜〉

カナガシラとヤリイカと鰯の丼、鮭トバ

①グルナッシュの赤ワイン（伏木）

②マルヴァジーアの白ワイン（大木）

5月9日

〈朝〉

起き抜けのカフェオレ（伏木）、起き抜けの白湯（大木）、いつものお粥、蕗味噌、蕪の葉の胡麻和え、自家製梅干し、おかか

〈昼〉

真鯛の刺身、白ご飯、鯛のあら汁、胡瓜と人参と蕪のぬか漬け、納豆、トマトのサラダ

〈夜〉※営業で疲れ果て何も食べずに就寝

①グルナッシュの赤ワイン

5月10日

〈朝・昼〉

起き抜けのカフェオレ（伏木）、起き抜けの白湯（大木）、昨晩作っておいた酸味とスパイスが効いたカレー

〈夜〉

レタスのガーリック炒め、イカと茄子の煮物、トマトと大葉のサラダ、〆の鯛茶漬け

①グルナッシュの赤ワイン

②マルヴァジーアの白ワイン

③本麒麟

④ハートランド

5月11日

〈朝〉

起き抜けのカフェオレ（伏木）、起き抜けの白湯（大木）、目玉焼き、ソーセージ、饅頭、カレー

〈昼〉※外食

若竹の天ぷら蕎麦（伏木）、海老と野菜の天ぷらの温かい蕎麦（大木）

〈夜〉※外食

鎌倉野菜のピザ、パンチェッタとレモンのピザ

5月12日

〈朝〉

起き抜けのカフェオレ（伏木）、起き抜けの白湯（大木）、いつものお粥、ほうれん草の胡麻和え、自家製梅干し、おかか

〈昼〉

カレーとゴルゴンゾーラチーズのドリア

〈夜〉

帆立のバター焼き、トマトのサラダ

①マティーニ

②グルナッシュの赤ワイン

③マルヴァジーアの白ワイン

5月13日

〈朝〉

起き抜けのカフェオレ（伏木）、起き抜けの白湯（大木）、いつものお粥、ほうれん草の胡麻和え、自家製梅干し、おかか

〈昼〉

肉うどん

〈夜〉

メンチカツ、茄子とイカと鯛出汁を使った試作料理、鯛出汁で作ったスープカレー

①本麒麟

②マルヴァジーアの白ワイン

5月14日

〈朝〉
起き抜けのカフェオレ（伏木）、起き抜けの白湯（大木）、いつものお粥、ほうれん草の胡麻和え、自家製梅干し、おかか

〈昼〉
メンチカツサンド、トマトとおかひじきのサラダ

〈夜〉
帆立のバター焼き、ピーマンの炊き合わせ、鯛の雑炊
①マルヴァジーアの白ワイン
②本麒麟

5月15日

〈朝〉
起き抜けのカフェオレ（伏木）、起き抜けの白湯（大木）、いつものお粥、明太子、ほうれん草の胡麻和え、自家製梅干し、おかか

〈昼〉
ヤリイカと鯛の丼、味噌汁、蕪と胡瓜と人参のぬか漬け

〈夜〉
ヤリイカのカルボナーラ（伏木担当）
①ハートランド

5月16日

〈朝〉
起き抜けのカフェオレ（伏木）、起き抜けの白湯（大木）、いつものお粥、蕪の葉の胡麻和え、自家製梅干し、おかか

〈昼〉
トマトとバジルとヤリイカのパスタ

〈夜〉
魚介出汁で作った濃厚ラーメン（伏木担当）
①ハートランド

5月17日

〈朝〉
起き抜けのカフェオレ（伏木）、起き抜けの白湯（大木）、いつものお粥、蕪の葉の胡麻和え、自家製梅干し、おかか

〈昼〉
牛肉と白菜のすき焼き風丼、蕪の味噌汁、胡瓜のぬか漬け

〈夜〉
豚肉の中東風スパイス炒め（伏木担当）、胡瓜とトマトのサラダ
①ハートランド

5月18日

〈朝〉
起き抜けのカフェオレ（伏木）、起き抜けの白湯（大木）、いつものお粥、蕪の葉の胡麻和え、自家製梅干し、おかか

〈昼〉
真鯛の丼、トマトととろろ昆布のサラダ、胡瓜のぬか漬け

〈夜〉
スペアリブのスパイス醤油カレー
①ハートランド

5月19日

〈朝〉
起き抜けのカフェオレ（伏木）、起き抜けの白湯（大木）、いつものお粥、ゴーヤと茄子と麩の味噌チャンプルー、蕪の葉の胡麻和え、自家製梅干し、おかか

〈昼〉
イカ団子の煮麺

〈夜〉

ゴーヤと茄子と麩の味噌チャンプルー、大量のポテトフライ（甘いじゃがいもで作りとても美味）
①ハートランド

5月20日

〈朝〉
起き抜けのカフェオレ（伏木）、起き抜けの白湯（大木）、いつものお粥、蕪の葉の胡麻和え、自家製梅干し、おかか
〈昼〉
韓国風ビビンバ、魚介のスープ（イカ団子入り）
〈夜〉
豚バラ肉のステーキ、檸檬のマッシュポテト、海老の鬼殻焼き、蕪と胡瓜の和え物、トマトのサラダ
①ピノ・グリージョのロゼワイン

5月21日

〈朝〉
起き抜けのコーヒー（伏木、大木）、いつものお粥、蕗味噌、蕪の葉の胡麻和え、自家製梅干し
〈昼〉
パセリと檸檬のポタージュ、新じゃがいもと人参のポタージュ
〈夜〉
ゴーヤと麩とキャベツの魚介出汁チャンプルー、鰯とヤリイカの丼、生牡蠣、冷奴、鯛のスパイススープ
①本麒麟
②ホワイトベルグ

5月22日

〈朝〉
起き抜けのカフェオレ（伏木）、起き抜けの白湯（大木）、いつものお粥、青唐辛子と茄子の皮の佃煮、蕪の葉の胡麻和え、自家製梅干し
〈昼〉
茄子とトマトとスペアリブの和風スパイス煮、白ご飯、青唐辛子の酢漬け
〈夜〉
大木とつまらない言い争いをして不貞寝（伏木）、焼きそばと湯葉（大木）
①ルカツィテリの琥珀ワイン（伏木）
②サッポロ黒ラベル（大木）

5月23日

〈朝〉
起き抜けのカフェオレ（伏木）、起き抜けの白湯（大木）、いつものお粥、鶏胸肉のハム、青唐辛子と茄子の皮の佃煮、蕪の葉の胡麻和え、自家製梅干し、おかか
〈昼〉
梅干しととろろ昆布のうどん、納豆とトマト、厚揚げと蕪と茄子の煮物
〈夜〉
水蛸の刺身、鯛の刺身、湯葉、厚揚げと蕪と茄子の煮物
①ルカツィテリの琥珀ワイン
②サッポロ黒ラベル

5月24日

〈朝〉
起き抜けのカフェオレ（伏木）、起き抜けの白湯（大木）、いつものお粥、鶏胸肉のハム、青唐辛子と茄子の皮の佃煮、自家製梅干し、おかか
〈昼と夜〉
サンドイッチ（15時くらい、コンビニ）、ロースカツ定食（伏木、16時くらい、外食）、串カツ定食（大木、16時くらい、外食）、水蛸のカルパッチョ（21時くらい、家）

①ルカツィテリの琥珀ワイン

5月25日

〈朝〉

起き抜けのカフェオレ（伏木）、起き抜けの白湯（大木）、いつものお粥、鶏胸肉のハム、キャベツのオイル和え、青唐辛子と茄子の皮の佃煮、自家製梅干し、おかか

〈昼〉

ヤリイカとトマトのペペロンチーノ、パイナップル

〈夜〉

蕗の薹のポテトサラダ、空豆、搾菜と胡瓜と鶏胸肉の水餃子

①コルヴィーナ、ロンディネッラ、モリナーラ、カベルネ、サンジョヴェーゼの赤ワイン

5月26日

〈朝〉

起き抜けのカフェオレ（伏木）、起き抜けの白湯（大木）、鯛茶漬け

〈昼〉

イカの餡を茄子で包みスパイスが効いた魚介スープをかけたもの

〈夜〉

檸檬のタコス、麩のオニオングラタンスープ、トマトとパセリのサラダ、キャベツと胡瓜のコールスロー

①コルヴィーナ、ロンディネッラ、モリナーラ、カベルネ、サンジョヴェーゼの赤ワイン

5月27日

〈朝〉

起き抜けのカフェオレ（伏木）、起き抜けの白湯（大木）、いつものお粥、鶏胸肉のハム、キャベツのオイル和え、青唐辛子と茄子の皮の佃煮、自家製梅干し、おかか

〈昼〉

トマトとマッシュルームのカッペリーニ

〈夜〉

豚肉のステーキ、パセリのガーリックライス、ホワイトアスパラガスのオランデーズソース、なめ茸豆腐

①コルヴィーナ、ロンディネッラ、モリナーラ、カベルネ、サンジョヴェーゼの赤ワイン

②本麒麟

5月28日

〈朝〉

起き抜けのカフェオレ（伏木）、起き抜けの白湯（大木）、キャベツの目玉焼き、河内晩柑のヨーグルト

〈昼〉

釜玉うどん、厚揚げと茄子と蕪の煮物、トマトのサラダ

〈夜〉

トマトと胡瓜とパセリのサラダ、ハラス

①サヴォワ地方のロゼワイン（ボトル）

5月29日

〈朝〉

起き抜けのカフェオレ（伏木）、起き抜けの白湯（大木）、いつものお粥、蕪の葉の胡麻和え、キャベツのオイル和え、梅干し、おかか

〈昼〉

飛び魚の丼、味噌汁、蕪と胡瓜のぬか漬け

〈夜〉

飛び魚の刺身、豆と厚揚げと夏野菜の具沢山スープ
①グルナッシュの赤ワイン
②ハートランド

5月30日

〈朝〉
起き抜けのカフェオレ（伏木）、起き抜けの白湯（大木）、サーターアンダギー、いつものお粥、キャベツの胡麻和え、梅干し、おかか
〈昼〉
めぎすの塩焼き、なめ茸、オクラと茄子の味噌汁、白ご飯、納豆、胡瓜と蕪の味噌汁
〈夜〉
豚肉とマッシュポテトのグラタン、空豆
①グルナッシュの赤ワイン
②ハートランド

5月31日

〈朝〉
起き抜けのカフェオレ（伏木）、起き抜けの白湯（大木）、サーターアンダギー、いつものお粥、蕪の葉の胡麻和え、なめ茸、梅干し、おかか
〈昼〉
出汁を極めたうどん、玉葱の天ぷら、人参の天ぷら
〈夜〉
魚介のスープカレー、イカの揚げ団子、鯛の刺身、キャベツとオレンジのコールスロー
①グルナッシュの赤ワイン

6月1日

〈朝〉
起き抜けのカフェオレ（伏木）、起き抜けの白湯（大木）、いつものお粥、キャベツの胡麻和え、油揚げと鰹節の生姜味噌、なめ茸、飛び子、梅干し、おかか
〈昼〉
ピラフ、魚介とスパイスのスープ
〈夜〉
鶏肉とパクチーの餃子、温泉卵乗せのニラのお浸し、蕗の薹のポテトサラダ、トマト昆布
①グルナッシュの赤ワイン
②ハートランド

6月2日

〈朝〉
起き抜けのカフェオレ（伏木）、起き抜けの白湯（大木）、いつものお粥、キャベツの胡麻和え、なめ茸、油揚げと鰹節の生姜味噌、おかか
〈昼〉
焼き鮭、めぎすの塩焼き、納豆、ニラと卵とじの味噌汁、白ご飯
〈夜〉
肉餅、おぼろ豆腐、トマト昆布、ブロッコリーのニンニク炒め、半平と厚揚げと大根の炊いたん
①ハートランド

6月3日

〈朝〉
起き抜けのカフェオレ（伏木）、起き抜けの白湯（大木）、いつものお粥、キャベツの胡麻和え、なめ茸、油揚げと鰹節の生姜味噌、おかか
〈昼〉※ドライブスルーでマクドナルド
チーズバーガー、ベーコンレタスバーガー、ポテト
〈夜〉※外泊
刺身数点盛り、牛すき煮、カニの真丈、

蛸の煮物、鴨とヤングコーンのあんかけ、穴子の煮付け、きのこの炊き込みご飯、お吸い物など（多すぎて失念）
①ミュスカ、シルヴァネール、オーセロワ、ゲヴュルツトラミネールのペティアン白ワインボトル
②サッポロ生ビール

6月4日

〈朝〉※外泊
マグロ赤身の刺身、ひめ鯵の干物、出汁巻き卵、卵豆腐、松前漬け、サラダ、土鍋ご飯、味噌汁
〈昼〉※外食
ちくわ天うどん（伏木）、かき揚げそば（大木）
〈夜〉
コールスロー、トマトの中華風マリネ、蕗の薹のポテトサラダ
①ハートランド
②グルナッシュの赤ワイン

6月5日

〈朝〉
起き抜けのカフェオレ（伏木）、起き抜けの白湯（大木）、いつものお粥、キャベツの胡麻和え、ひじきの和え物、梅干し、おかか
〈昼〉
豚肉のステーキ、千切りキャベツ、トマトのサラダ、白ご飯、具沢山味噌汁、胡瓜と人参の糠漬け
〈夜〉
セロリと鶏肉の焼き餃子、蕗の薹のポテトサラダ、トマトのマリネ、柑橘とサーモンのサラダ
①ハートランド
②グルナッシュの赤ワイン

6月6日

〈朝〉
起き抜けのカフェオレ（伏木）、起き抜けの白湯（大木）、いつものお粥、キャベツの胡麻和え、なめ茸、ひじきの和え物、おかか
〈昼〉※外食
ロースカツ定食
〈夜〉
疲れ果てて食べなかった（伏木）、豚しゃぶの小鍋（大木）
①本麒麟（大木）

6月7日

〈朝〉
起き抜けのカフェオレ（伏木）、起き抜けの白湯（大木）、自家製白パン
〈昼〉
人参のかき揚げを乗せたおろし釜玉うどん
〈夜〉
めぎすの塩焼き、ヤリイカの刺身、帆立のバター焼き、ヤリイカと人参のナンプラーのサラダ、レンズ豆と夏野菜のミネストローネ
①秩父の日本酒
②グルナッシュの赤ワイン

6月8日

〈朝〉
起き抜けのカフェオレ（伏木）、起き抜けの白湯（大木）、自家製白パンに生クリーム添え
〈昼〉
バスマティの炒飯、レンズ豆と夏野菜のミネストローネ
〈夜〉
帆立と夏野菜のパスタ（伏木担当）
①グルナッシュの赤ワイン

6月9日

〈朝〉
起き抜けのカフェオレ（伏木）、起き抜けの白湯（大木）、自家製白パンに生クリーム添え

〈昼〉
めぎすの塩焼き、豚の生姜焼き、胡瓜と蕪と人参のぬか漬け、玉葱とじゃがいもの味噌汁、白ご飯

〈夜〉
肉じゃが、サーモンとセロリのサラダ、蕗の薹のポテトサラダ、胡瓜と蕪と人参のぬか漬け、新生姜の炊き込みご飯（おにぎり）
①ハートランド

6月10日

〈朝〉
起き抜けのカフェオレ（伏木）、起き抜けの白湯（大木）、いつものお粥、肉じゃが、キャベツの胡麻和え、大根菜とそぼろとひじきの炒め物、油揚げと鰹節の生姜味噌、おかか

〈昼〉
豚肉とニラのあんかけうどん

〈夜〉
真鯛のアクアパッツァ、ヤリイカと柑橘と人参のナンプラーサラダ、大根のアチャール、オリーブのフォカッチャ
①よなよなエール
②マルヴァジーアの白ワイン

6月11日

〈朝〉
起き抜けのカフェオレ（伏木）、起き抜けの白湯（大木）、オリーブのフォカッチャ

〈昼〉※外食
鴨せいろ蕎麦（伏木）、肉うどん（大木）

〈おやつ〉
アマレットのジェラートにラムレーズンをたんまりかけたもの

〈夜〉
真鯛のアクアパッツァ、ヤリイカと柑橘と人参のナンプラーサラダ、ヤリイカの刺身、大根のアチャール、枝豆、アクアパッツァの残ったスープでパスタ
①本麒麟
②よなよなエール
③グルナッシュの赤ワイン

6月12日

〈朝〉
起き抜けのカフェオレ（伏木）、起き抜けの白湯（大木）、いつものお粥、キャベツの胡麻和え、大根菜とそぼろとひじきの炒め物、おかか

〈昼〉
食べなかった

〈夜〉
イカ墨と檸檬とズッキーニのリゾット、枝豆、ヤリイカの刺身、茄子とトマトの檸檬サラダ

6月13日

〈朝〉
起き抜けのカフェオレ（伏木）、起き抜けの白湯（大木）、いつものお粥、キャベツの胡麻和え、大根菜とそぼろとひじきの炒め物、梅干し、おかか

〈昼〉
焼き鮭、納豆、新生姜と胡瓜と蕪の糠漬け、冷やしトマト、白ご飯

〈おやつ〉
トリニダード・トバゴのチョコレート、

ボリビアのチョコレート、タンザニアのチョコレート

〈夜〉
鶏肉のガーリックステーキ、トマトと茗荷の中華風ソース、新生姜と蕪と胡瓜のぬか漬け

6月14日

〈朝〉
起き抜けのカフェオレ（伏木）、起き抜けの白湯（大木）、いつものお粥、キャベツの胡麻和え、大根菜とそぼろとひじきの炒め物、梅干し、おかか

〈昼〉※車内にて、父親の手作り
チーズとハムとバジルのサンドイッチ

〈夜〉※実家にて、父親の手作り
イカと貝類のパスタ、アスパラガスのスープ、野菜スティック

6月15日

〈朝・昼〉
起き抜けのカフェオレ（伏木）、起き抜けの白湯（大木）、卵粥

〈夜〉
コリゴムタン（10時間かけて作った。伏木担当）、白ご飯、キムチ

6月16日

〈朝〉
起き抜けのカフェオレ（伏木）、起き抜けの白湯（大木）、いつものお粥、蕪と胡瓜のぬか漬け、キャベツの胡麻和え、大根菜とそぼろとひじきの炒め物、梅干し、おかか

〈昼〉
薬味たっぷり素麵、トマトのサラダ

〈夜〉
牛テールライス（伏木担当）、トマトとズッキーニのサラダ

6月17日

〈朝〉
起き抜けのカフェオレ（伏木）、起き抜けの白湯（大木）、いつものお粥、蕪と胡瓜のぬか漬け、小松菜の胡麻和え、海苔の佃煮、おかか

〈昼〉
佐渡サーモンのソテー、舞茸とエリンギの卵とじ、白ご飯、蕪と胡瓜のぬか漬け

〈夜〉※テイクアウトで買い込んで、海の見えるホテルの部屋で食べて飲んだ
麻婆豆腐、ルーロー飯、台湾風焼きそば、あさりのキッシュ、豆類のマリネ、カマンベールチーズ、クラッカー
①赤ワイン
②ゲビュルツトラミネール、リースリング、ピノブランの琥珀ワイン

6月18日

〈朝〉※砂浜に座り海を眺めながら食べた
セブンイレブンのサンドイッチ、セブンイレブンのコーヒー

〈昼〉
餡子の餅10個ぐらい

〈夜〉
豆とひき肉と夏野菜のカレー、トマトと柑橘のサラダ

6月19日

〈朝〉
起き抜けのカフェオレ（伏木）、起き抜けの白湯（大木）、抹茶のグラノーラ（牛乳で）

〈昼〉
薬味たっぷり素麵、トマトのサラダ

〈夜〉
手づくり肉まん、生牡蠣、鰯の刺身、

ヤリイカの刺身

①グルナッシュの赤ワイン

②本麒麟

③ハートランド

6月20日

〈朝〉

起き抜けのカフェオレ（伏木）、起き抜けの白湯（大木）、抹茶のグラノーラ（牛乳で）

〈昼〉

ヤリイカと檸檬カスタードクリームとキウイグラニテとズッキーニ麺のサラダ

〈夜〉

冷奴、納豆を厚揚げに詰めて焼いたやつ、セロリと胡瓜と大根の浅漬け、具沢山味噌汁、鮭のおにぎり

①グルナッシュの赤ワイン

②ハートランド

6月21日

〈朝〉

起き抜けのカフェオレ（伏木）、起き抜けの白湯（大木）、抹茶のグラノーラ（ヨーグルトで）

〈昼〉

鰯の刺身丼、具沢山味噌汁、胡瓜と蕪と人参のぬか漬け

〈夜〉

チヂミ、ネギ間の焼き鳥、胡瓜と新生姜のぬか漬け

①常陸野ネストビール

②ハートランド

6月22日

〈朝〉

起き抜けのカフェオレ（伏木）、起き抜けの白湯（大木）、パイナップルとキウイのヨーグルト

〈昼〉

イカ墨のパスタ

〈夜〉

ホウボウの刺身、ツブ貝の刺身、鰯の刺身、冷奴、生姜醤油の厚揚げ、じゃがいもとピーマンの炒め物

①本麒麟

②ハートランド

6月23日

〈朝〉

起き抜けのカフェオレ（伏木）、起き抜けの白湯（大木）、とろろと昆布のお粥、焼き鮭、海苔の佃煮、胡瓜と新生姜のぬか漬け、舞茸の卵とじ

〈昼〉

マルゲリータ、檸檬とゴルゴンゾーラのピザ、和牛のパスタ

〈夜〉

ホウボウと鰯の丼、胡瓜と蕪のぬか漬け

①本麒麟

6月24日

〈朝〉

起き抜けのカフェオレ（伏木）、起き抜けの白湯（大木）、ホウボウでつくった出汁茶漬け（伏木担当）、海苔の佃煮

〈昼〉

鶏肉のソテー、オムレツ、胡瓜と玉葱と柑橘のサラダ、手づくり白パン

〈夜〉

白アスパラガスとズッキーニとガンモドキと大根と昆布とトマトと卵のおでん、もろきゅう

①キシの琥珀ワイン（伏木）、本麒麟（大木）

6月25日

〈朝〉
起き抜けのカフェオレ（伏木）、起き抜けの白湯（大木）、パイナップル

〈昼〉
焼き鮭、とろろ、納豆、胡瓜と新生姜のぬか漬け、白ごはん

〈夜〉
赤ワインとナツメグを効かせたポレンタ粉のコロッケ、白アスパラガスとズッキーニとじゃがいもとガンモドキと卵のおでん

①キシの琥珀ワイン

6月26日

〈朝〉
起き抜けのカフェオレ（伏木）、起き抜けの白湯（大木）、いつものお粥、小松菜のお浸し、海苔の佃煮、おかか

〈昼〉
白アスパラガスとズッキーニとじゃがいもとガンモドキと卵のおでん、杏子のタルトフロマージュ

〈夜〉
豚しゃぶ、冷奴、雑炊、枝豆

①本麒麟
②ハートランド
③キシの琥珀ワイン

6月27日

〈朝〉
起き抜けのカフェオレ（伏木）、起き抜けの白湯（大木）、いつものお粥、小松菜の胡麻和え、海苔の佃煮、おかか、杏子のタルトフロマージュ

〈昼〉
コロッケ4個

〈夜〉
レンズ豆と夏野菜のカレー、ピンクロースターと胡瓜と玉葱とトマトのサラダ

①ハートランド

6月28日

〈朝〉
起き抜けのカフェオレ（伏木）、起き抜けの白湯（大木）、コロッケのラップサンド

〈昼〉※外食
佐野らーめん

〈夜〉※外食
宇都宮餃子

〈深夜食〉※深夜に帰宅しておなかが空いてた
レンズ豆と夏野菜のカレー

①ハートランド

6月29日

〈朝〉
起き抜けのカフェオレ（伏木）、起き抜けの白湯（大木）、いつものお粥、小松菜のお浸し、おかか

〈昼〉
薬味たっぷり素麺、モロッコインゲンの胡麻和え、納豆と長芋の千切り和え、杏子

〈夜〉
雲丹の刺身、白バイ貝の刺身、トマトと胡瓜の柑橘ソースサラダ、枝豆、茄子とピーマンとオクラのくたくた煮、アメリカンチェリー

①マルヴァジーアの白ワイン

6月30日

〈朝〉
起き抜けのカフェオレ（伏木）、起き抜けの白湯（大木）、いつものお粥、モロッコインゲンと三つ葉の胡麻和え、小松菜のお浸し、おかか

〈昼〉
白バイ貝と真鯛の丼、胡瓜のぬか漬け、ひじきと椎茸と人参と青唐辛子の煮物、三つ葉と九条葱の味噌汁

〈おやつ〉
杏子のシャーベットジュース

〈夜〉
焼きトウモロコシ、韮のナムル卵黄和え、貝の肝のバターニンニク炒め、ひじきと椎茸と人参と青唐辛子の煮物、チーズとクラッカー、胡瓜と人参のぬか漬け、〆の真鯛の出汁茶漬け
①マルヴァジーアの白ワイン
②本麒麟

7月1日

〈朝〉
起き抜けのカフェオレ（伏木）、起き抜けの白湯（大木）、手作りクッキー、杏子のヨーグルト

〈昼〉
真鯛の丼、納豆、三つ葉と九条葱の味噌汁

〈おやつ〉
ラムレーズンとアマレットのジェラート

〈夜〉
厚揚げのステーキ、パセリのニンニクバターライス、トマトと胡瓜と茗荷の中華風ソース、ひじきと椎茸と人参と青唐辛子の煮物、枝豆、人参のぬか漬け

〈デザート〉
杏子のシャーベットジュース

7月2日～7月22日

疲労困憊のため食日誌休み

7月23日

〈朝〉
起き抜けの冷たいカフェオレ（伏木、大木）、飛び子とズッキーニとブラウンマッシュルームのオムレツ、ソルダムとアメリカンチェリーのヨーグルト

〈昼〉
素麺、ゲソとズッキーニの天ぷら、トマトとパクチーのサラダ

〈夜〉
真鯛の塩焼き、赤鶏の唐揚げ、とろろ昆布胡瓜、おぼろ豆腐、冷やしトマト、枝豆
①アルザスのシルヴァネールペティアン
②本麒麟

7月24日

〈朝〉
起き抜けの冷たいカフェオレ（伏木、大木）、ソルダム、プリン

〈昼〉
真鯛の丼、ツルムラサキのおかか和え、えのき茸と卵白の味噌汁、納豆

〈夜〉
ズッキーニと豚肉のスパイスカレー、ツルムラサキのおかか和え
①本麒麟

7月25日

〈朝〉
起き抜けの冷たいカフェオレ（伏木、大木）、千切りズッキーニと胡瓜のサンドイッチ

〈昼〉
豚バラ丼、ズッキーニと胡瓜のとろろ昆布和え

〈夜〉
鯛めし、ゴーヤチャンプルー
①ハートランド

7月26日

〈朝〉

起き抜けの冷たいカフェオレ（伏木、大木）、昨晩の残りの鯛めし

〈昼〉

そば、さっと湯がいたスルメイカ、真鯛の刺身、ズッキーニと胡瓜のとろろ昆布和え、冷やしトマト、茄子の皮の佃煮

〈夜〉

スペアリブのスパイス煮、トマトと卵とパクチーの炒め物、ゴーヤとおかかのさっぱり和え、トマトとパセリのサラダ

①マルヴァジーアのオレンジワイン

7月27日

〈朝〉

起き抜けの冷たいカフェオレ（伏木、大木）、マルセイバターサンド

〈昼〉

ポテトサラダと胡瓜とズッキーニのサンドイッチ、クミンと人参とじゃがいものポタージュ

〈夜〉

夏野菜のスープカレー、鯖の塩焼き、ポテトサラダ

①マルヴァジーアのオレンジワイン

②ハートランド

③エビスビール

7月28日

〈朝〉

起き抜けの冷たいカフェオレ（伏木、大木）、スイカとオレンジとアメリカンチェリーのフルーツ盛り

〈昼〉

鯖味噌、ご飯、ふんわり卵の味噌汁、ズッキーニと胡瓜のとろろ昆布和え、冷やしトマト、茄子の皮の佃煮

〈夜〉

タンザニアのチョコレート、トリニダード・トバゴのチョコレート、アメリカンチェリー、真鯛の昆布締め、塩トマト

①ゲヴュルツトラミネール、ピノグリ、ミュスカ、リースリング、シルヴァネールのオレンジワイン

②グルナッシュの赤ワイン

7月29日

〈朝〉

起き抜けの冷たいカフェオレ（伏木、大木）、オレンジとアメリカンチェリーのヨーグルト、スイカ

〈昼〉

ミートソーススパゲティ、茄子とズッキーニと胡瓜のとろろ昆布和え

〈間食〉※外食

フレッシュネスバーガー、ポテト

〈夜〉

ミートソースファルファッレ、真鯛の昆布締め、スルメイカの生姜和え、塩トマト

①ハートランド

②グルナッシュの赤ワイン

7月30日

〈朝〉

起き抜けの冷たいカフェオレ（伏木、大木）、クミンと人参とじゃがいものポタージュ

〈昼〉

真鯛の昆布締め、鯖味噌、白ご飯、茄子とズッキーニと胡瓜のとろろ昆布和え、塩トマト、茄子の皮の佃煮

〈夜〉

紋甲イカの餡とパクチーの春巻きチリ

ソース添え、フライドポテト、トマトのとろろ昆布和え、枝豆
①ハートランド
②グルナッシュの赤ワイン

7月31日

〈朝〉
起き抜けの冷たいカフェオレ（伏木、大木）、チェリーとオレンジとスイカのヨーグルト

〈昼〉
太刀魚と真鯛の丼、冷やしトマト、茄子の皮の佃煮、茄子とズッキーニと胡瓜のとろろ昆布和え

〈夜〉
剣先イカの刺身、肉じゃが、千切りじゃがいもとピーマンの炒め物、枝豆、冷やしトマト
①ハートランド
②グルナッシュの赤ワイン

8月1日

〈朝〉
起き抜けの冷たいカフェオレ（伏木、大木）、チェリーとオレンジとスイカのヨーグルト

〈昼〉
湯もりうどん、肉じゃが、茄子の皮の佃煮、冷やしトマト、茄子とズッキーニと胡瓜のとろろ昆布和え

〈夜〉
紋甲イカの餡とパクチーの春巻きチリソース添え、枝豆のガーリック炒め
①ハートランド
②グルナッシュの赤ワイン

8月2日

〈朝〉
起き抜けの冷たいカフェオレ（伏木、大木）、奥飛騨の昆布餅

〈昼〉
太刀魚と真鯛とカルダモンとクミンのスープカレー

〈夜〉
太刀魚と真鯛のスープに馬告とカルダモンを効かせて焼いた太刀魚を浸したもの、えのき茸の豚肉巻き、トマトの昆布締め、枝豆、おぼろ豆腐
①アリアーニコの赤ワイン

8月3日

〈朝〉
起き抜けの冷たいカフェオレ（伏木、大木）、ブルーベリーとバナナとキウイの豆乳ヨーグルト

〈昼〉
豆腐お好み焼き（イカとトマトとチーズ）

〈おやつ〉
完璧な白玉の冷やし善哉（秋めいて涼しくなったので食べた）

〈夜〉
豆腐ハンバーグ（茗荷と大根おろし添え）、豚肉なしの具沢山豚汁、オクラと玉葱の納豆、トマトと胡瓜の酢の物、茄子の茗荷和え、白ご飯

8月4日

〈朝〉
起き抜けのキャラメルミルク（伏木）、起き抜けの冷たいカフェオレ（大木）、豚肉なしの具沢山豚汁、バナナの豆乳ヨーグルト

〈昼〉
手づくり餡パン、具沢山スープ、太刀魚のフライ、キャベツの酢漬け

〈夜〉
疲れ果てて食べなかった

2022年

3月3日

〈朝〉

米粉と菜種油とメープルシロップのクッキー、シュガートースト、金柑のコンポートのヨーグルト、いつものカフェオレ（伏木、大木）

〈昼〉

焼き霜造りの鯛の丼、こんにゃくと大根の煮物、キャベツととろろ昆布の浅漬け

〈夜〉

栄螺の肝バターソース和え、ホースラディッシュの茶碗蒸し4種（コースメニューの試作→どれもまだ合格点ならず）、蓮根の揚げ焼きホースラディッシュ添え、肉なし肉じゃが

①カタルーニャの白ワイン

3月4日

〈朝〉

米粉と菜種油とメープルシロップのクッキー、金柑のコンポートのヨーグルト、いつものカフェオレ（伏木、大木）

〈昼〉

お揚げが載った具沢山カレーうどん、豆モヤシと人参のナムル

〈夜〉

焼き霜造りの鯛の握り寿司、蛍イカの酢味噌和え、肉なし肉じゃが、鶏胸肉の鶏ハム、人参と胡瓜と蕪のぬか漬け

①サッポロ黒ラベル

②純米吟醸（ぬる燗）

3月5日

〈朝〉

苺のシロップとブラッドオレンジのヨーグルト、シュガートースト、いつものカフェオレ（伏木、大木）

〈昼〉

蓮根の黒胡椒あんかけ、茄子と紫蘇の味噌和え、ほうれん草の胡麻和え、人参と蕪のぬか漬け（美味しさが復活してきた）、おかか、お粥

〈夜〉

ミートソーススパゲティ、鯛のカマ焼き、粉吹き芋とトマトとほうれん草のサラダ

①オレンジジュース（休肝日）

3月6日

〈朝〉

苺のシロップとブラッドオレンジのヨーグルト、バタートースト、いつものカフェオレ（伏木、大木）

〈昼〉

トマトと茄子と豚肉のラザニア

〈おやつ〉

鯛のアラの焼き物

〈夜〉

赤飯、鯛のそぼろ、鯛の潮汁、鯛の出汁でつくったあんかけ卵とじ、茄子と大葉の胡麻和え、昆布と実山椒の佃煮、胡瓜と人参と蕪のぬか漬け

①サッポロ黒ラベル

3月7日

〈朝〉

苺のシロップとバナナのヨーグルト、黒胡麻クッキー、いつものカフェオレ（伏木、大木）

〈昼〉

豆腐チャンプルー、ほうれん草と豆もやしのナムル、鯛出汁のなめこ汁、鯛のそぼろ、白ご飯

〈夜〉

コチュジャンとニンニクを効かせた豚

肉の鍋、鍋の残りで雑炊
①サッポロ黒ラベル
②本麒麟

3月8日

〈朝〉
苺のシロップとバナナのヨーグルト、手作り白パン（ブラックソルトを効かせた）、いつものカフェオレ（伏木、大木）
〈昼〉
豆腐ハンバーグ、納豆、胡瓜と人参と蕪のぬか漬け、大根の味噌汁、白ご飯
〈夜〉
セロリの香りを効かせた餃子、クミンとパクチーを効かせた餃子
①サッポロ黒ラベル

3月9日

〈朝〉
苺のシロップとバナナのヨーグルト、手作り白パン、いつものカフェオレ（伏木、大木）
〈昼〉
豚ひき肉と茄子のカレー
〈おやつ〉
コアントローとブラッドオレンジのブリュレ（試作）
〈夜〉
巨大すぎる生牡蠣、空豆、ホースラディッシュのポテトサラダ、キャベツの炒め物
①サッポロ黒ラベル

3月10日

〈朝〉
バナナのヨーグルト、キャベツの目玉焼き、いつものカフェオレ（伏木、大木）
〈昼〉
ビビンバ丼
〈おやつ〉
コアントローとブラッドオレンジのブリュレ（試作）
〈夜〉
牡蠣フライと海老フライ（手作りタルタルソース添え）、トマトとレタスのサラダ、芹の味噌汁、白ご飯
①サッポロ黒ラベル

3月11日

〈朝〉
米粉のパンケーキ、バナナのヨーグルト、いつものカフェオレ（伏木、大木）
〈昼〉
空豆と芹と桜鯛のそぼろの春ご飯、冷奴（万願寺の豆腐屋さんで買った美味しいやつ）、芹の味噌汁、胡瓜と大根のぬか漬け
〈夜〉
中華ちまき、栄螺の肝バターソース、鰈と高野豆腐と大根の京風煮、胡瓜のぬか漬け
①サッポロ黒ラベル
②本麒麟
③日本酒（熱燗）

3月12日

〈朝〉
米粉のパンケーキ、バナナのヨーグルト、いつものカフェオレ（伏木、大木）
〈昼〉
鰈の煮付け、白ご飯、納豆、大根の味噌汁、胡瓜と人参と蕪のぬか漬け
〈夜〉
カルボナーラ、トマトとレタスのサラダ

ダ
①サッポロ黒ラベル

3月13日

〈朝〉
米粉のパンケーキ、バナナのヨーグルト、いつものカフェオレ（伏木、大木）

〈昼〉
海老をペースト状にしてつくったカレー、トマトとレタスのサラダ

〈おやつ〉
桜餅、ゴマのクッキー

〈夜〉
チキンカツ（自家製タルタルソース）、キャベツとトマトのサラダ、胡瓜と人参のぬか漬け、白ご飯、芹の味噌汁
①サッポロ黒ラベル

3月14日（富山と奥能登の旅）

〈朝・昼〉
鱈汁（朝日町の鱈汁街道にて）、とろろ昆布のおにぎり（富山の郷土料理）

〈夜〉
宿泊先のバイキング（ほとんど何も口にできず）
①サッポロ黒ラベル
②持参したネオマスカットの宮城のロゼワイン

3月15日（富山と奥能登の旅）

〈朝〉
宿泊先のバイキング（食べられるものあり）

〈昼〉
高岡で寿司（白海老、ホタルイカなど）

〈夜〉
宿泊先で発酵料理（美味）
①日本海倶楽部の柚子ヴァイツェン
②持参したピエモンテのバルバレスコの赤ワイン

3月16日（富山と奥能登の旅）

〈朝〉
宿泊先の料理（美味）

〈昼〉
能登の牡蠣小屋で焼き牡蠣（感動）

〈夜〉
鱈汁（朝日町の鱈汁街道で14日とは違う店にて）、炒飯

3月17日

〈朝〉
米粉のパンケーキ、ブラッドオレンジとバナナのヨーグルト、いつものカフェオレ（伏木、大木）

〈昼〉
白とろ昆布（富山の昆布問屋で買ってきたもの）のうどん

〈夜〉
芹と揚げだし茄子と鱈子の煮物、鯵のなめろう、鯵の刺身、プチトマト、胡瓜と黒とろろこんぶの和え物（富山の昆布問屋で買ってきたもの）、ご飯の上に白とろろ昆布
①ピエモンテのバルバレスコの赤ワイン
②サッポロ黒ラベル

3月18日

〈朝〉
米粉のパンケーキ、チャイ（伏木、大木）

〈昼〉
大根とホースラディッシュのスープ（試作）、いしると鱈子の炊き込みご飯、スルメイカの生姜醤油、出汁巻き卵

〈おやつ〉

ゴマのクッキー

〈夜〉

河豚の卵巣のぬか漬け（輪島の朝市で買ってきた）、酒粕と白味噌とゴルゴンゾーラと干し柿と蜂蜜のグラタン、ホタルイカの酢味噌和え、豆腐の柳川風、スモークサーモンと玉葱のサラダ

①日本酒（熱燗）

3月19日

〈朝〉

米粉の蒸しパン、チャイ（伏木、大木）

〈昼〉

昆布締めした鯵の出汁茶漬け、茄子の唐辛子炒め、スルメイカの塩辛（自家製）、胡瓜と大根のぬか漬け

〈夜〉

海老と大根の春巻き、有頭海老の鬼殻焼き、鶏肉と里芋と馬鈴薯と大根の煮物、スルメイカの刺身、スモークサーモンとトマトのサラダ

①マスカットベーリーAとメルローの宮城の赤ワイン

3月20日

〈朝〉

米粉のパンケーキ、バナナのヨーグルト、チャイ（伏木、大木）

〈昼〉

鶏肉と里芋と馬鈴薯と大根の煮物、卵かけご飯、スルメイカの塩辛（自家製）、納豆、胡瓜と蕪のぬか漬け

〈おやつ〉

コアントローとブラッドオレンジのブリュレ

〈夜〉

栄螺の壷焼き、海老と大根の春巻き、ブラッドオレンジとトマトのサラダ、鱈子と大根の煮物、実山椒と昆布の佃煮

①マスカットベーリーAとメルローの宮城の赤ワイン

②サッポロ黒ラベル

3月21日

〈朝〉

スモークサーモンのホットサンド、バナナのヨーグルト、チャイ（伏木、大木）

〈昼〉

海老と大葉のかき揚げと大根おろしのうどん

〈夜〉

いしるとつるも（奥能登でしか採れない海藻）でつくった汁麵（試作→失敗）、ブロッコリーのガーリック炒め、焼き茄子、おろしポン酢の豚肉炙り焼き

①サッポロ黒ラベル

〈デザート〉

バナナココケーキ

3月22日

〈朝〉

バタートースト、バナナのヨーグルト、チャイ（伏木、大木）

〈昼〉

親子丼、生海苔の味噌汁

〈おやつ〉

バナナココケーキ

〈夜〉

生海苔とじゃがいものポタージュ（試作）、大根と海老の春巻き、海老の中華ちまき、鯛の霜皮造り、鯛のカマ焼き

①サッポロ黒ラベル

3月23日

〈朝〉
バタートースト、バナナのヨーグルト、チャイ（伏木、大木）

〈昼〉
海老の中華ちまき、生海苔とじゃがいものポタージュ（試作）

〈おやつ〉
紅はるかの焼き芋、コアントローとブラッドオレンジのブリュレ（試作）、バナナココケーキ

〈夜〉
豚肉団子の鍋、たこ焼き
①サッポロ黒ラベル

〈デザート〉
バナナココケーキ

3月24日

〈朝〉
バタートースト、バナナのヨーグルト、チャイ（伏木、大木）

〈昼〉
生海苔の佃煮（自家製）、豚肉とほうれん草と茄子の味噌炒め、納豆、卵を落とした味噌汁、白ご飯

〈夜〉
牡蠣の紹興酒炒め、鯛の焼き霜造り、空豆、ホウレン草の胡麻和え
①サッポロ黒ラベル

3月25日

〈朝〉
バタートースト、ブラッドオレンジとバナナのヨーグルト、カフェオレ（伏木、大木）

〈昼〉
鯛出汁といしるのスープとイカの餡を茄子で包んだ料理（試作）、鯛出汁といしるの汁麺（麺手打ち）

〈夜〉
鶏の醤油麹漬け唐揚げ、蓮根の甘辛炒め、焼き茄子、プチトマト、新玉葱のおかかポン酢卵黄乗せ、胡瓜と大根の糠漬け
①サッポロ黒ラベル

3月26日

〈朝〉
米粉のパンケーキ、ブラッドオレンジとバナナのヨーグルト、カフェオレ（伏木、大木）

〈昼〉
スモークサーモンとほうれん草のペペロンチーノ

〈夜〉
おでん
①サッポロ黒ラベル
②熱燗

〈デザート〉
抹茶のババロア

3月27日

〈朝〉
パイナップルとバナナのヨーグルト、米粉のパンケーキ、カフェオレ（伏木、大木）

〈昼〉
オムライス

〈夜〉
おでん、ブロッコリーのニンニク炒め、スルメイカの塩辛
①サッポロ黒ラベル
②熱燗

〈デザート〉
抹茶のババロア

3月28日

〈朝〉

パイナップルとバナナのヨーグルト、ポンテケージョ、カフェオレ（伏木、大木）
〈昼〉
豚焼肉、キャベツの千切り、納豆、胡瓜と大根のぬか漬け、白ご飯、牡蠣のお吸い物
〈夜〉
中華ちまき、ホースラデッシュと大根のポタージュ（試作）、鯛とトマトの和え物、焼き茄子のサラダ
（禁酒1日目）

3月29日
〈朝〉
パイナップルとバナナのヨーグルト、ポンテケージョ、カフェオレ（伏木、大木）
〈昼〉※鎌倉にて外食
串カツ定食
〈夜〉
鶏肉団子の鍋、白ご飯、大根のぬか漬け
（禁酒2日目）

3月30日
〈朝〉
パイナップルとバナナのヨーグルト、ポンテケージョ、カフェオレ（伏木、大木）
〈昼〉
蓮根の実山椒炒め、ほうれん草のナムル、おじや
〈夜〉
金柑と鶏肉のソテー、蕪のソテー、蕗の薹のポテトサラダ
（禁酒3日目）

3月31日
〈朝〉
金柑と林檎と洋梨のヨーグルト、目玉焼き、バタートースト、カフェオレ（伏木）、白湯（大木）
〈昼〉
蕪の出汁で作ったちまき、蕪のお浸し、大根の皮のきんぴら、茄子の煮浸し
〈夜〉
黒毛和牛のベンガルカレー、野菜の山盛りサラダ、大根のアチャール
（禁酒4日目）

あとがき

7年前、自宅の一階に店をつくることになって、そのオープン初日の開店数時間前に「そういえば看板的なものがあった方がいいよね」と思い、急遽そこらへんにあった木片を適当に切り、墨を磨《す》って、たまたま持っていた古い和紙に刷ったのが、この本の表紙にもなった台形型のマークでした。まさかその時は向こう数年間、こんな紙きれを看板代わりに使うなんて思ってなかったけれど、こういう時って、肩の力が抜けて案外いいものができたりするんですよね。瑶子さんに見せたら、「なかなかいいじゃん、火事場の馬鹿力」って好評価(!?)をいただいちゃって。それが本の表紙にまで出世して全国の書店に並ぶんだから、もうびっくりです。

始まりがそんな感じの店だったので、一般的な店舗運営に必要だとされる色々がいまだに抜け落ちていたりするんです。それは設備的なものから、事務的なもの、僕らの意識的なものにまで及びます。それでもいいと思っているのだから、つまりは、はなから台形をふつうの店のようにはあまり考えてなかったのですよね。台形は店というよりも、台形っていう人格が存在していて、なんだかいつも隣に連れ添ってる〝同居人〟って感じなんです。巷で必須と思われてるものって、案外必要なかったりするんですよ。看板だって別にないならないでいいんですよね、きっと。

ショップカードもそうです。僕はオープン当初、ショップカード的な「店の名刺」があった方がお店っぽいだろうと勘違いして、この本のデザインを担当してくださった佐々木暁さんにメールでお願いしたんです。そうしたら、「ぜったいにご自身でつくったほうがいいですよ‼」って断言されちゃって、結局その後自分で印刷所に持ち込んでつくりました。完成後にたまたま街でお会いして見せたら「ほらほらやっぱりいいじゃ〜〜ん」って言われて。そのときに「暁さん、今回はご縁がなかったけれど、いつかまた何かしらのかたちで一緒につくれればいいですね。その時はお願いします」と言ってお別れしたんです。

それから7年経って、今回こういったかたちでご一緒することが叶い、僕はほんとうに嬉しく思ってるんです。こういうことが、生きてるうえで、ほんとうに大事だよねって思うんです。今度台形でおなかいっぱい振る舞います。暁さん、まんぷくというのはいちばん相手をやりこめる愛ですよ。

2年半ほど前に、晶文社の深井美香さんが「本を出しませんか？」と声をかけてくださって、「どんなかたちなら可能だろう？」という問いからこの本は始まりました。「とりあえずこんなもの書けました」という感じで毎月文章をメールで送って（こちらの都合で中断することもしばしばありましたけれど）、「伏木さん、面白い！」「伏木さん、良いです！」といった具合に、褒めて伸ばす手法に易々と手玉にとられ、書けないことにのたうち回りながらもなんとか2年間、苦しみまでまるごと楽しんで筆をとり続けることができました。深井さん、褒めてくれるだけでなく時にぴしゃりと本質を突く一言があったりして、その手綱をいつも信頼していましたよ。ほんとうに、根気よく付き合ってくださいました。感謝してます。そして瑶子さんも、それぞれの話に合わせたレシピ考案、最後までよく伴走してくれました。

15の物語と、ある期間における僕らの食日誌を編み上げた結果、台形型の星座を転写した、いびつでチャーミングな本が出来上がりました。現実と非現実とが揺さぶられながら瞬いていて、書店のどの棚に陳列されるのか楽しみです。

気づけば、台形はオープン当初から大きくかたちが変わりました。その間、多くの人が足を運んでくれました。それは毎回奇跡のように嬉しいことで、皆さんの喜んでいる顔を見るのが、瑶子さんと僕の喜びでした。この本を書いている間に世の中は大きく変容し、それに伴って、僕らの考えや取り巻く環境だってだいぶ変わったと思います。店主が店をつくってるんじゃなくて店が店主をつくってる、そんなふうにつくづく思うんです。

会ったことがある人も、まだ見ぬ人も、どうかいつまでもお元気で。台形でまた会いましょう。

伏木庸平

◎伏木庸平（ふせぎ・ようへい）＝１９８５年、東京都出身。２０１６年に東京・国立市で『台形』を開業。妻・大木瑶子とともに創作料理をコース仕立てで提供するほか、縄文土器や民間信仰品などの古物も販売している。美術家としても活動し、セゾン現代美術館（２０２２年『地つづきの輪郭』）、十和田市現代美術館（２０１４～5年『繋ぐ術 田中忠三郎が伝える精神』）をはじめ、国内外の展覧会に参加。生活と店と制作とが地続きな日々を送っている。

◎［レシピ］大木瑶子（おおき・ようこ）＝東京都出身。『台形』の料理担当。アパレルブランドでのパタンナー職の傍ら、独学で料理研究に勤しむ。退職後、料理家に。特定のジャンルにとらわれず、全国各地の郷土食や各国のエッセンスを独自に解釈して編んだ、〝異国のようだけど、どこか懐かしい〟料理が特徴。猫アレルギーの猫好き。無類のサワガニ好き。

台形日誌《だいけいにっし》

◎著者＝伏木庸平　◎発行者＝株式会社晶文社　東京都千代田区神田神保町一ノ一一
〒一〇一・〇〇五一　☎〇三・三五一八・四九四〇（代表）・四九四二（編集）　ＵＲＬ＝http://www.shobunsha.co.jp　◎印刷・製本＝中央精版印刷株式会社　　◎ISBN 978-4-7949-7360-3　◎Printed in Japan　◎JASRAC 出 2302161-301 号　

二〇二三年五月一五日　初版